DIVORCE

GUIDE DE SURVIE
SPÉCIAL HOMME QUITTÉ
PAR SA FEMME

J.Streng

POURQUOI CE LIVRE ?

Ce livre s'adresse à toi si ta femme vient de te quitter et que tu vas divorcer, mais aussi à toi que la femme n'a pas quitté et entendu le mot « divorce » au cours d'une dispute avec elle.

Dans ce livre, je tutoie parce que, comme un frère d'armes, j'ai traversé les mêmes épreuves et incertitudes que celles qui t'attendent. Ce livre n'est pas un manuel de droit, mais un guide de survie psychologique, un mélange de conseils pratiques et de témoignage brut et sincère.

Le divorce, je l'ai vécu. Bouleversant, choquant, souvent injuste. J'ai été maltraité, dévalorisé, manipulé. Mon ex-femme, loin d'être une exception, a tout essayé pour me dépouiller et m'humilier. Son seul regret après plusieurs années de recul : « ne pas avoir eu l'idée changer la serrure pour me laisser à la rue ». Et quand on est un homme, le soutien manque cruellement, même de sa propre famille, pour la seule raison qu'on est un homme et qu'une femme a forcément raison.

Ce livre est un peu comme le guide que j'aurais voulu avoir, mais les seuls livres que j'ai trouvés parlent du droit du divorce ! Ce n'est pas ce dont j'avais besoin. Ce livre t'épargnera des frustrations, des erreurs, et surtout, il te fera gagner un temps précieux dans ta quête pour retrouver la sérénité.

Je vais te révéler des vérités que la société, sous la pression des féministes, tente de masquer. Comment nous, les hommes, sommes conditionnés à accepter l'inacceptable, à porter une culpabilité qui n'est pas la nôtre. Ce livre, c'est l'antidote à cette manipulation. Il va t'ouvrir les yeux, te libérer de la culpabilité que va nécessairement vouloir bientôt de faire porter ta femme, et je vais t'aider à te préparer à un nouveau départ.

Tu te sens probablement perdu, trahi, peut-être même dévasté. Je l'ai été aussi. J'ai vécu stressé, mal dans ma peau pendant un an, alors que j'étais censé aller à un divorce à l'amiable qui devait bien se passer. Puis, j'ai pris en stop un homme qui m'a entrouvert les yeux : "Va voir le juge des affaires familiales au plus vite", m'a-t-il dit. Un conseil que j'ai ignoré à mes dépens. Dans ces pages, je te partage ce que j'aurais dû savoir et faire.

Ne reste pas la victime passive du divorce engagé par ta femme. Il est temps de reprendre le contrôle, de protéger tes droits, de te reconstruire, et de te concentrer sur ton propre bonheur. Ce guide est ta boussole pour affronter et dépasser cette période difficile, en sortir plus fort même. Prépare-toi à des vérités qui dérangent mais qui vont te faire un bien fou.

SOMMAIRE

DISCLAIMER : AVIS IMPORTANT AUX LECTEURS

Public cible et recommandation de lecture : Ce livre est spécifiquement destiné aux hommes qui traversent le processus de divorce après avoir été quittés par leur compagne. Nous déconseillons fortement la lecture de cet ouvrage à toute personne n'appartenant pas à ce public cible, car son contenu est adapté et spécifique à cette expérience particulière.

Objectif et contexte du livre : L'objectif de ce guide est de fournir soutien et conseils pratiques, basés sur les expériences personnelles de l'auteur. Les contenus reflètent ses opinions et témoignages personnels et ne doivent pas être considérés comme des vérités absolues ou des représentations universelles des relations hommes-femmes ou des expériences de divorce.

Nature des contenus : Certaines sections de ce livre peuvent être caricaturales et exagérées à des fins pédagogiques. Il est important de noter que les caractéristiques ou comportements négatifs attribués à certaines femmes dans cet ouvrage ne sont pas universels et peuvent varier d'une personne à l'autre.

Reconnaissance de la diversité des expériences de divorce : Nous reconnaissons que chaque divorce est une expérience unique et que les situations décrites dans ce livre ne couvrent pas toutes les possibilités. Les lecteurs sont encouragés à considérer ce contexte lors de l'interprétation des contenus.

Non-responsabilité pour les interprétations individuelles : Ce livre n'est en aucun cas destiné à offenser ou à stigmatiser un genre en particulier. Les interprétations personnelles des contenus qui pourraient être perçues comme offensantes relèvent de la responsabilité du lecteur.

Absence de conseils juridiques ou professionnels : Le "Guide de Survie Divorce, Spécial Homme Quitté par sa Femme" ne fournit pas de conseils juridiques ou professionnels. Les lecteurs sont invités à consulter des professionnels qualifiés pour des conseils adaptés à leurs situations spécifiques.

Respect et sensibilité : L'auteur et les éditeurs de ce livre s'engagent à respecter les sensibilités de tous les lecteurs. Ce livre n'a pas pour intention de dénigrer ou de minimiser les expériences des femmes dans le contexte du divorce.

LES ÉMOTIONS ET LES DÉFIS QUI T'ATTENDENT

Quand tu as appris que ta femme te quitte, tu as dû te sentir très mal. Tu as dû te sentir trahi, tu as dû penser à tous ces moments où elle ne faisait pas d'effort pour le couple, tous ces moments où elle ignorait les tiens. Tu vas aussi sûrement te demander si tu as fait quelque chose de mal, quelque chose en particulier, et tu vas essayer de lister les erreurs que tu as fait pour en arriver là. En vérité, il n'est même pas sûr que tu portes vraiment une responsabilité, et au maximum, tu portes la moitié de la responsabilité, quoi qu'en dise ta femme. Eh oui, tu n'as probablement **rien** fait de mal. Tu as fait tout comme il faut, et le problème ne vient pas de toi, mais de ta femme. Il va falloir agir en homme et gérer tes émotions :

La colère

Tu peux ressentir de la colère, et c'est normal car il est probable que tu vas ressentir l'injustice de la situation. Tu as fait de nombreux sacrifices pour ta famille et tu te sens trahi. Cette colère n'est pas un signe de méchanceté de ta part. C'est une réaction naturelle face à une situation injuste. Fais attention de contrôler ta colère et de ne pas la laisser transparaître dans des actions physiques que tu pourrais regretter devant un juge.

La tristesse

Il est probable que tu ressentes de la tristesse. Cela ne signifie pas que tu es faible. Mais peut-être ressentiras-tu bientôt du soulagement, surtout si ta femme ne te respectait pas. Ce chagrin que tu ressens n'est que passager, même si tu as l'impression que tu ne t'en remettras pas : certes, tu vas perdre ta femme, ta famille telle que tu l'as connue, et la vie telle que tu l'avais imaginée. Tu repenses peut-être aux bons moments passés avec ta femme et à votre rencontre. Aujourd'hui, tu es perdu, mais sache que bientôt, tu iras bien, même si tu ne le sais pas encore. Ne regrette rien, la personne qui te quitte n'est pas la même que celle que tu as rencontrée. Étonnamment, tu découvriras qu'elle a changé de personnalité et tu ne la regretteras bientôt plus quand ta tristesse sera passée : tu verras ce qu'elle est vraiment devenue et tu béniras son départ.

La confusion

Tu peux te sentir confus, ne rien comprendre à la situation, ne pas comprendre comment cela a dégénéré aussi vite alors que tu n'as pas vraiment vu venir les choses, et cette confusion que tu ressens est accentuée par l'incertitude sur le futur. Tous les hommes se sentent pareil dans cette situation. Tu risques de te remettre en question, mais je vais bientôt t'expliquer les raisons de la décision de ta femme : tu n'as en réalité probablement rien fait de mal, le problème ne vient pas de toi, mais de ta femme. Ces émotions que tu ressens font partie du processus de guérison et tu vas t'en sortir. Je t'expliquerai pourquoi le passage devant le JAF (juge aux affaires familiales) que tu redoutes sera un point clé pour ta guérison. Accepte qu'une nouvelle vie s'ouvre à toi, et sache qu'elle sera meilleure que ta vie actuelle même si tu as du mal à y croire. Je t'expliquerai plus tard ce qu'il faut faire pour te relancer.

Le deuil de la relation

Après le départ de ta femme, tu as intérêt à faire le deuil le plus vite possible, même si tu n'es pas encore officiellement divorcé. Le divorce officiel juridique peut prendre des années, et comme il marque généralement la fin du mariage, le deuil de ta relation risque d'être difficile si tu ne fais pas l'effort de l'accepter le plus vite possible. Il est normal que tu ressentes un vide, une tristesse et une nostalgie par rapport aux moments heureux que tu as partagés avec elle.

Tu vas traverser un processus similaire à celui du deuil lié à la perte d'un être cher, car la fin d'un mariage est une perte significative dans une vie. Accepter que la relation est terminée est une étape importante pour avancer.

La reconstruction de l'estime de soi

Ton divorce va forcément ébranler ton estime de toi, même si tu n'en es pas forcément conscient. Tu vas te remettre en question et douter de ta valeur en tant que partenaire. La reconstruction de ton estime de soi passera par l'acceptation de la séparation puis par des modifications dans tes habitudes et comportements pour construire une version de toi encore plus forte qu'elle ne l'est actuellement. Je t'expliquerai tout cela plus tard dans le livre.

A retenir

Le choc de l'abandon par ta femme est probablement énorme, et tu n'y crois peut-être toujours pas. Tu n'iras pas mieux du jour au lendemain, mais je te garantis avec une certitude absolue que les mois passant, tu te sentiras bien, voire mieux que quand elle était là.

LES RAISONS DU DIVORCE ET L'HYPERGAMIE

LES FEMMES ONT LA CAPACITÉ À CHANGER DE VIE ET DE PARTENAIRE PLUS VITE QUE LES HOMMES

Si les hommes ont souvent des difficultés à tourner la page d'une relation de couple, les femmes peuvent passer à autre chose à la vitesse de la lumière, et cela pour deux raisons principales :

- **Première raison** : c'est généralement la femme qui décide de partir et cela fait donc des mois ou même des années parfois (comme dans mon cas) qu'elle se prépare psychologiquement. Pourquoi attend-elle parfois des années ? Simplement pour optimiser financièrement son départ ! Choisir le bon timing pour pouvoir te prendre le plus possible ! Nous parlerons de la cupidité féminine dans une autre chapitre.

- **Deuxième raison** : les femmes ont dans leur génome, ancré dans l'ADN, la capacité à changer de partenaire beaucoup plus vite. En effet, remontons à une époque lointaine : les tribus étaient en guerre. Quand une tribu arrivait à vaincre l'autre, elle tuait prioritairement les hommes en âge de se battre. Ainsi, à cette époque lointaine, les veuves étaient nombreuses. Elles n'avaient que deux choix possibles : regretter leur ancien mari et mourir sans le soutien d'un nouvel homme, ou bien immédiatement choisir l'homme le plus costaud et le plus riche possible qui l'acceptait, même de l'autre tribu, pour être protégée et vivre dans les meilleures conditions possibles. Dans l'histoire, celles qui faisaient le premier choix mouraient et avaient moins d'enfants que celles qui faisaient le deuxième choix. Aujourd'hui, les femmes ont été sélectionnées pour pouvoir changer de partenaire à la vitesse de la lumière. Cela aussi, nous, les hommes, avons du mal à comprendre à quel point cela est facile pour elles.

QUI EST RESPONSABLE DU DIVORCE ? DEVINE !

Le divorce est bien sûr une étape douloureuse, surtout si on ne l'a pas vraiment vu arriver. Et c'est souvent le cas ! C'est 75% de femmes qui demandent le divorce et quittent leur mari, et jusqu'à 90% quand ce sont des femmes éduquées qui ont des diplômes ! En réalité, c'est assez logique : les femmes dotées de moyens économiques suffisants pour se prendre en charge ont souvent un niveau d'éducation plus élevé, et prennent alors plus facilement l'initiative du divorce comparativement à celles qui dépendent de leur conjoint pour vivre.

PROPORTION DES DEMANDES DE DIVORCE

Comment se fait-ils que de nombreuses femmes n'hésitent pas à partir ? Il existe de nombreuses raisons qui expliquent les séparations, et tu verras qu'elles vont te paraître parfois insignifiantes, surtout si tu as des enfants. Dans le principe, les femmes ont plutôt tendance à ne pas se sentir responsables de leurs propres actes, c'est quelque chose que je t'expliquerai dans la partie « victimisation ». Mais pour l'instant voyons les raisons les plus courantes des séparations.

VIOLENCES CONJUGALES

Les violences conjugales sont probablement la seule vraie très bonne raison pour divorcer.

D'après les féministes, la violence conjugale, physique ou morale, serait systématiquement la faute de l'homme. C'est souvent le cas, bien qu'une étude ayant analysé les raisons des séparations des couples lesbiens, hétéro et homo ait montré que les proportions de séparation des couples lesbiens pour violence conjugale est supérieure à cette proportion chez les hétéros, et la proportion est encore plus faible chez les couples homos. Cela montrerait que c'est la présence d'une femme qui augmente les violences conjugales dans un couple ! Comment cela peut s'expliquer ? La violence physique des hommes, bien sûr inexcusable, est parfois la conséquence d'une accumulation de violences morales, d'humiliations et de maltraitances psychologiques de la part des femmes à l'égard de leur mari pendant des années. Mais chut ! C'est politiquement incorrect et interdit à dire ! Officiellement, les femmes sont des êtres sans défaut !

Catégorie de Violence Conjugale	Définition	Exemple
Violence Physique	Utilisation de la force physique pour infliger des blessures ou des douleurs.	Frapper, pousser, bousculer ou tout autre acte entraînant des blessures corporelles.
Violence Émotionnelle ou Psychologique	Tentatives de dégradation de l'estime de soi de l'autre, manipulation, ou contrôle mental.	Insulter, humilier, isoler de la famille et des amis, ou menacer de nuire à soi-même ou aux autres. Le « silence treatment » : l'une des personnes refuse d'adresser la parole à l'autre et l'ignore
Violence Sexuelle	Imposition d'actes sexuels non consentis ou abus sexuels.	Forcer le partenaire à des relations sexuelles ou à des actes sexuels dégradants contre son gré.
Violence Économique ou Financière	Exercice de contrôle sur les ressources financières, limitant l'accès aux fonds ou l'emploi.	Contrôler toutes les dépenses, refuser l'accès aux comptes bancaires, ou empêcher de travailler.
Violence Verbale	Utilisation de paroles pour blesser, menacer ou intimider.	Crier, lancer des menaces, utiliser un langage dégradant ou des insultes.
Violence Numérique ou Cyber Violence	Utilisation de la technologie pour harceler, surveiller, ou menacer une personne.	Surveiller les communications en ligne, envoyer des messages menaçants, ou diffuser des rumeurs.
Violence Sociale	Isolation sociale visant à couper les liens du partenaire avec le monde extérieur et ses proches.	Interdire de voir la famille ou les amis, contrôler les sorties, ou limiter les interactions sociales.

Si tu as infligé des violences conjugales, cela se retournera contre toi pendant le divorce et ta femme te le fera payer à un moment ou un autre. Dans ce cas, c'est tant pis pour toi, il fallait se contrôler. Mais il est peu probable, si tu lis ce livre, que tu sois concerné.

A l'inverse, il est possible que ta femme ait exercé des violences conjugales sur toi. Dans ce cas, oublie, personne en te croira comme on croira ta femme, et personne ne te plaindra, surtout s'il s'agit de violences morales.

LES RAISONS SOUVENT FUTILES DU DIVORCE

Pourquoi les femmes demandent-elles plus le divorce ?

Il est peut sembler logique de penser que le divorce survient en raison de problèmes majeurs au sein d'un mariage, tels que la violence domestique, la trahison ou l'infidélité. Cependant, la réalité est souvent bien différente, et les raisons sont parfois futiles : les femmes sont souvent déçues de la vie conjugale, du niveau d'engagement de leur mari dans la vie commune, et de l'attention trop faible qu'ils leur portent. Tu verras que ce n'est pas un problème de réalité de la situation, mais de perception de la situation fantasmée par une femme.

Conflits mineurs

Les querelles et les désaccords mineurs peuvent s'accumuler au fil du temps, créant une tension constante au sein du mariage. Ces petites disputes peuvent sembler insignifiantes, mais elles n'ont pas le même impact sur un homme que sur une femme.

Pour un homme, une fois la dispute passée et résolue, il n'y a plus de problème.

Pour une femme, c'est différent. Imaginez une femme comme un compteur de points, mais qui n'accumule des points positifs que dans la période précédant le mariage, et qui ne compte que des points négatifs à partir du mariage. Quel que soit le nombre de points positifs que vous aviez au début de votre relation, il est difficile de satisfaire complètement votre femme à long terme.

Chaque petite dispute lui enlève des points dans son esprit, et ces points-là ne sont jamais récupérés, peu importe les actions positives que vous entreprenez par ailleurs, car ce que vous faites de positif est considéré comme normal aux yeux de votre femme, et cela vaut zéro point !

Ainsi, plus vous passez de temps avec votre femme, plus vous perdez de points, et il est inévitable que vous finissiez par avoir un score négatif un jour ou l'autre.

J'ai ainsi découvert très tard que mon ex-femme tenait un carnet spécial dans lequel elle consignait tous les conflits mineurs que nous avions, toutes ses insatisfactions (par exemple, « il m'empêche de repeindre le mur de la cuisine en jaune »), et la chose la plus incroyable, c'est qu'il y avait des informations qui remontaient à la première semaine qui a suivi le début de notre relation, alors que nous n'avions que 20 ans ! C'était déconcertant ! Et c'est en raison de ce carnet, qu'il soit physique ou mental pour certaines personnes, que vous vous retrouvez avec de vieux dossiers d'une autre époque qui vous sont jetés à la figure sans que vous ne sachiez d'où cela vient !

Le manque de communication et la fausse autonomie

La communication est le ciment du couple, c'est vrai. Mais le manque de communication n'est pas l'apanage de l'homme : les femmes aussi savent se taire. Dans mon cas, j'avais carrément droit « silence treatment », un comportement défini comme un harcèlement moral très violent qui consiste à refuser de parler ou regarder son interlocuteur pendant plusieurs heures quand on veut « punir » son conjoint. C'est une harcèlement moral pratique pour les femmes, car elles pourront dire : « je n'ai rien fait ! Comment peux-tu dire que… ». Si tu as une femme qui refuse de te parler, tu subis en réalité un harcèlement moral intense sans peut-être le savoir.

Parmi les problèmes de communication, tu peux aussi rencontrer la volonté de ta femme de décider seule de tout et sans contradiction.

Je me suis entendu dire « je te quitte car j'aurai voulu repeindre la cuisine en jaune, mais il aurait fallu que je t'en parle, et j'aurais dû argumenter et tu aurais argumenté. Je n'ai plus envie d'avoir ton avis. ». C'est ce que j'appelle la « fausse autonomie » : elle veut décider, imposer, ne même pas t'en parler, mais par contre, c'est à toi de payer et de finaliser.

Dans les couples qui durent, en général, l'homme accepte tout ce que te dis sa femme et apprends à se taire. Mais cela se passe ma quand le mari donne son avis et se bats pour ses idées.

L'insatisfaction générale et l'ennui

Ta femme, comme beaucoup d'autres, a rêvé d'une vie de princesse trépidante et passionnante, aux côtés d'un prince dont le seul but dans la vie est de la satisfaire ! Parfois, c'est moins caricatural, mais l'idée reste la même. Quand, après quelques années de mariage, ta femme se rend compte qu'elle s'ennuie, que la vie est une routine parfois sans intérêt, elle t'en veut. Elle t'en veut de gâcher sa jeunesse ! Toi, tu sais que la vie peut parfois être ennuyeuse, et tu ne blâmes personne, mais pour ta femme, c'est insupportable. Et le plus simple, c'est de blâmer quelqu'un. Qui d'autre que toi pourrait être le responsable parfait ? Cette insatisfaction généralisée n'a donc pas nécessairement de raison particulière, même si elle peut se manifester sur des détails insignifiants du genre « tu ne fais jamais la vaisselle ».

Cette insatisfaction générale due à l'ennui peut se manifester de nombreuses manières : elle refuse de te parler, elle boude, rien n'est assez bien pour elle, elle demande une chose et son contraire… Tout est bon pour signifier son mécontentement, sans jamais dire que ça ne va pas :

- *Ça va chérie, j'ai l'impression que tu es contrariée ?*
- *Non, non, tout va bien ! Tout est parfait même !*

Alors que tu vois bien à son visage qu'elle est contrariée et qu'elle se retient !

La désillusion du manque d'attention

De nombreuses femmes aiment se sentir exister à travers le regard des autres, se sentir le centre du monde, la « princesse » qu'on doit mériter. Que doivent-elles faire pour « mériter » cela ? Se comporter comme une princesse ? Nooon ! Juste exister, aucun effort à faire évidemment. Quand le niveau d'attention que désire avoir une femme est très élevé, il arrive logiquement un moment dans un mariage où tu ne peux plus lui fournir autant d'attention : car tu travailles, car tu as des activités qui sont les tiennes, car tu parles à d'autres personnes qu'elle. C'est parfois suffisant pour qu'elle te quitte : elle pense qu'elle trouvera mieux ailleurs, un phénomène appelé **hypergamie**. Les féministes diront que *« Les hommes sont généralement construits pour avoir une intelligence émotionnelle inférieure à celle des femmes. Cela peut amener les partenaires féminines à se sentir moins soutenues et à porter une grande partie du travail émotionnel au sein de la relation »*. Une phrase un peu bidon qui n'a pour seul objectif que de faire porter le poids de la responsabilité à l'homme, comme toujours quand quelque chose va mal dans une relation homme/femme.

Par exemple, le surinvestissement de l'homme dans le travail ou dans le rôle de mère conduisent à une désillusion : la femme oublie que l'homme travaille pour gagner de l'argent pour toute la famille et lui en veut de ne pas lui accorder plus d'attention. Mais si c'est la femme qui travaille, et l'homme qui est à la maison, elle arrivera aussi à se plaindre de lui ! La maison n'est pas assez propre, les enfants couchés trop tard, etc.

Ainsi, les raisons qui poussent une femme à quitter son mari peuvent être significatives (les violences), mais elles peuvent aussi être tout à fait futiles. Pourquoi une femme partirait-elle pour des raisons futiles ? Nous allons essayer de comprendre dans la suite.

L'HYPERGAMIE FÉMININE ET SON INFLUENCE SUR LE DIVORCE

L'hypergamie est un concept clé qui te permettra de comprendre de nombreux comportements féminins.

L'hypergamie se réfère au désir, souvent inconscient, chez les femmes de s'associer à un partenaire qui est perçu comme socialement, financièrement ou émotionnellement supérieur. Cette tendance a des conséquences importantes pour les relations conjugales, en particulier cela explique la facilité avec laquelle les femmes prennent la décision de quitter leur mari et divorcer. Voyons comment ça marche :

Ta femme t'a épousé au moment où tu étais le meilleur rapport accessibilité/confort de vie possible à ses yeux. Le temps est passé, mais son hypergamie a toujours travaillé en tâche de fond. Tu as perdu des points quand elle te comparait aux hommes de son entourage, sans même que tu le saches. Et plus le temps passe, plus tu perds des points, donc assez naturellement, l'hypergamie féminine la pousse à entrevoir de nouveaux hommes comme des partenaires potentiels plus intéressants que toi, avec des scores plus élevés : plus costauds, plus beaux, plus riches, plus drôles, etc. Et surtout, elles voient ces nouveaux hommes comme une nouveauté qui appelle à une vie excitante, faite de rebondissements, et non d'ennui et de quotidien comme c'est le cas avec toi, son mari.

Autre phénomène intéressant : imagine que tu représentes 90 % de ce que ta femme considère être l'homme parfait : elle voit en réalité surtout les 10 % qui manquent chez toi. Et quand elle trouve un homme qui a les 10 % qui te manquent, elle ne se préoccupe pas des 90 % que tu as et qu'il n'a pas. Ainsi, ta femme a progressivement ressenti de plus en plus de frustration parce qu'elle percevait chez d'autres hommes les 10 % qui te manquent. C'est un comportement très irrationnel, mais il est difficile de lutter.

L'hypergamie peut conduire au divorce quand les femmes ressentent le besoin de quitter un mariage pour rechercher un partenaire qu'elles perçoivent comme offrant un statut plus élevé, ou même quand elles **pensent** pouvoir trouver un partenaire ayant un meilleur statut, bien qu'elles ne l'aient pas encore trouvé. Et cette quête du partenaire parfait peut parfois s'avérer payante pour elle, mais souvent, ta femme finira seule ou devra se contenter de relations épisodiques qui ne durent pas avec des hommes qui ne veulent pas d'histoire durable. Le départ de sa femme peut être difficile à comprendre pour les hommes, surtout lorsque les raisons du divorce semblent futiles, car il n'y a pas de phénomène d'hypergamie masculine. En effet, il peut sembler inconcevable pour une femme de sortir avec un homme socialement inférieur, alors qu'à l'inverse, les hommes ont généralement moins de difficulté à être en couple avec une femme socialement inférieure.

Aspect	Illustrations de différents types d'hypergamie
Mariage Traditionnel	Les femmes autrefois devaient se marier "en montant socialement", surtout dans l'aristocratie. Elles visaient des hommes avec un blason, plus de terres ou un titre plus ronflant pour booster leur statut et celui de leur famille.
Chercher la Stabilité Financière	Une femme qui vient d'un milieu simple va souvent chercher un homme qui a déjà fait ses preuves financièrement. Un bon job, un compte en banque bien garni, cela rassure pour le futur.
Niveau d'Éducation et Profession	Une femme avec un bac+3 va souvent chercher un gars avec un master ou un poste de cadre supérieur. L'idée, c'est de trouver quelqu'un qui peut apporter pus qu'elle financièrement, mais également en connaissances.
Attrait pour les Célébrités	Certaines femmes sont attirées par les stars, les riches, les hommes qu'on remarque. Un mariage avec un homme d'affaire qui a réussi ou un politicien influent, c'est un peu le Graal dans l'esprit hypergame.

Comment repérer l'hypergamie ?

Mais ta femme n'est pas encore partie ? Et as-tu juste entendu le mot « divorce », et cela t'inquiète ? Tu as raison d'être inquiet ! Voyons comment repérer les indices de l'hypergamie chez ta femme :

Insatisfaction Matérielle

Ta femme se plaint que tu ne dépenses pas assez d'argent pour elle. Elle te dit qu'elle mérite mieux. Par exemple, elle te dit qu'elle veut plus de voyages, plus de luxe. Dans mon cas, elle était tout le temps insatisfaite des vacances d'été : plusieurs semaines dans une station balnéaire, au bord de l'eau, en plein milieu du site le plus attractif : il fait trop chaud, ce n'est pas assez silencieux, elle n'aime pas se baigner car l'eau de mer est trop chaude, le lendemain car l'eau de mer est trop froide, le sable se colle à sa peau, elle déteste tout…

Comparaisons Sociales

Ta femme se compare à d'autres personnes de votre entourage. D'autres femmes vivent leur vie rêvée, et Instagram leur donne l'exemple de la vie qu'elle veut avoir. Dans mon cas, mon ex-femme me bassinait avec son frère, riche, qui avait une maison de 800 mètres carrés avec un salon TV. Elle oubliait de mentionner qu'il travaillait 10 heures par jour et que la maison était dans une banlieue parisienne éloignée, morte et sans vie... Par jalousie, une femme est prête à s'aveugler devant le rationnel et ne voir que ce qui l'arrange.

Évolution des Attentes

Au fil du temps, les attentes en matière de relation peuvent évoluer. Une femme qui était initialement satisfaite de son mariage pourrait ressentir le besoin de quelque chose de plus, peut-être en raison de changements dans sa propre situation financière, de l'influence des médias ou de ses cercles sociaux. Ce qu'elle aimait autrefois devient parfois ce qu'elle déteste.

Et ce qu'elle aimait chez toi devient quelque chose qu'elle déteste. Tu faisais du sport intensivement ? C'est grâce à cela que tu étais beau et musclé ? Elle adorait ça au début de votre relation, mais avec le temps qui passe, si tu ne t'es pas sacrifié pour elle en arrêtant le sport, elle t'en veut, et elle déteste que tu fasses du sport. Elle dit que tu ne penses qu'à toi et que c'est elle qui fait tout à la maison, qu'elle ne peut rien faire à cause de ton sport ! En réalité, elle pourrait faire quelque chose, mais elle ne le veut pas, elle veut juste critiquer.

Nouvelles Rencontres

L'hypergamie peut être amplifiée si une femme rencontre quelqu'un qui représente ce qu'elle perçoit comme un meilleur choix en termes de statut social ou financier. Cette rencontre peut être un déclencheur majeur de sa décision de divorcer. Et ne t'inquiète pas, ta belle-mère sera là pour l'encourager à quitter le foyer tout comme l'encourageront les voyantes que ta femme ira voir, ou encore les pseudo-psychologues qui encouragent toujours les femmes à divorcer.

L'hypergamie est une raison toujours passée sous silence par les femmes

Maintenant que tu comprends l'hypergamie, tu comprends pourquoi une femme est prête à divorcer même pour des raisons futiles. En tout cas, toi tu sais que les raisons sont futiles, mais n'imagine pas une seconde que ta femme va l'avouer ! Pour elle, elle n'avait pas le choix, c'était une question de vie ou de mort ! Et tu entendras bientôt des histoires à dormir debout.

Par exemple, mon ex-femme a inventé qu'elle ait tellement peur de moi qu'elle s'était enfermée dans la chambre de mon fils la dernière nuit sous le même toi, de peur que ne l'assassine ! Petite détail : cela faisait plus d'un an qu'elle était partie quand elle a inventé l'histoire, et sa mémoire n'a pas été très précise : à la date donnée, j'étais en vacances avec mes enfants à 600km de là. Et je peux te garantir que quand tu entends une histoire pareille, affirmée devant un avocat, tu restes sans voix !

Ce qui est important pour toi, c'est de comprendre que l'hypergamie, que nous, hommes, avons du mal à comprendre, explique que ton divorce ne reflète pas nécessairement ton échec, mais plutôt une décision idiote de ta femme basée sur des impulsions inconscientes qui lui soufflent à l'oreille qu'elle trouvera beaucoup mieux que toi ailleurs ! Inutile de lutter contre cela, c'est impossible

Voici quelques exemples de situations dans lesquelles l'hypergamie peut jouer un rôle dans un divorce :

- Une femme qui quitte son mari parce qu'il a perdu son emploi.
- Une femme qui quitte son mari parce qu'il a pris du poids.
- Une femme qui quitte son mari parce qu'il ne lui donne pas assez d'attention.
- Une femme qui quitte son mari pour un autre homme qui a un meilleur statut social ou économique.
- Une femme qui chasse son mari car elle touche assez d'aides sociales pour pouvoir se passer de lui.

L'hypergamie est donc au minimum un facteur sous-jacent dans de nombreux divorces. Même si une femme donne une autre raison pour expliquer son départ, l'hypergamie peut être la véritable motivation.

COMPRENDRE TA FEMME

LA RÉALITÉ OBJECTIVE N'A PAS D'IMPORTANCE POUR LES FEMMES, SEULES LEURS ÉMOTIONS COMPTENT

Les femmes ne sont pas faites comme nous. Les émotions et leur bien être priment sur tout, et en tout cas priment sur nous, les hommes.

Les femmes accordent une grande importance aux sentiments, à l'empathie, et à la communication émotionnelle. Ça, même les femmes le disent. Mais ce qu'aucune femme n'avouera, c'est qu'elles ne sont focalisées que sur leurs propres émotions à elles ! Les émotions des hommes ne les intéressent pas, leur bien être prime avant tout, même si cela doit être au détriment des hommes. Par conséquent, en cas de problème, elles se focalisent davantage sur **leurs émotions** que sur les faits réels.

C'est comme cela que certaines femmes peuvent en vouloir à leur conjoint parce qu'elles ont « rêvé » qu'il l'a trompée. Ce n'est qu'un rêve mais comme cela les fait se sentir mal, c'est un peu comme si c'était vrai pour elles.

Les femmes cherchent souvent à établir une connexion émotionnelle avec leur partenaire. Cela implique qu'elles désirent que leur partenaire comprenne, valide et les aide à se sentir comprises sur le plan émotionnel. Elles jugent aussi leur conjoint responsable de leur état émotionnel et le tiennent pour coupable si elles ne se sentent pas bien, indépendamment de la rationalité de cette perception. Parfois, pour elles, se sentir bien émotionnellement est plus important que de trouver une solution concrète à un problème.

Ainsi, lorsqu'une femme est dans un état émotionnel intense, elle peut avoir du mal à envisager des solutions pratiques aux problèmes. Au lieu de cela, elle préfère exprimer ses émotions, chercher un soutien émotionnel, ou vouloir simplement être écoutée. C'est logique :

traditionnellement, les femmes sont souvent encouragées à exprimer leurs émotions et à chercher du soutien émotionnel, plutôt qu'à se concentrer immédiatement sur des solutions concrètes. Résoudre les problèmes, c'est plutôt traditionnellement aux hommes de le faire.

Par conséquent, lorsqu'une femme se trouve dans un état émotionnel intense, que ce soit en raison du stress, de l'anxiété, ou de toute autre raison que tu ne comprends pas, son approche pour gérer la situation va privilégier l'expression de ses émotions et la recherche de compréhension ou de réconfort, plutôt que d'essayer de résoudre le problème. Un jour, j'ai enregistré mon ex-femme car elle avait l'habitude de nier ce qu'elle disait dix minutes auparavant. Elle pouvait dire noir pour dire qu'elle avait dit blanc et en m'accusant d'être un menteur. Quand je lui ai prouvé par un enregistrement qu'elle avait tort, elle ne s'est pas excusée !! Au contraire, elle a détourné le sujet de la conversation, folle de rage, pour me hurler sa rage de savoir que je l'avais enregistrée. La découverte de la vérité n'a donc aucune importance, mais l'état émotionnel des femmes prime, même si cela ne résout aucun problème.

TA FEMME N'A PLUS AUCUNE PITIÉ POUR TOI

Lorsqu'une femme prend la décision de quitter son conjoint, il est surprenant à quel point elle peut agir sans ressentir la moindre compassion, la moindre empathie ou la moindre pitié. Cette absence d'empathie et de compréhension est due à plusieurs facteurs psychologiques et émotionnels. Voici quelques raisons pour lesquelles cela peut se produire :

Besoin de Justification	Quand ta femme prend la décision de divorcer, elle peut ressentir le besoin de se justifier, que ce soit pour elle-même ou pour les autres. Pour se conforter dans sa décision, elle peut exagérer les aspects négatifs de la relation ou même inventer des motifs pour justifier son départ. Par exemple, elle pourrait exagérer des défauts mineurs de son conjoint pour se sentir mieux dans sa décision de divorce.
Défense contre la Douleur	Le divorce est une période d'émotions fortes et souvent douloureuses. Pour faire face à cette douleur, ta femme peut adopter une attitude intransigeante et brutale. Elle peut se convaincre que cette attitude est nécessaire pour se protéger émotionnellement.
Projection de la Colère	La colère est une émotion courante dans le processus de divorce, même si c'est ta femme qui a décidé de partir. Si ta femme ressent de la colère envers son conjoint, elle peut projeter cette colère sur lui en adoptant une attitude sans pitié. Cela lui permet de se décharger de sa propre colère et de la diriger vers un coupable : son conjoint.
Pression Sociale et Familiale	Dans certains cas, ta femme peut subir des pressions de la part de sa famille, de ses amis ou de son avocat pour obtenir un divorce favorable au détriment de son conjoint. J'ai entendu **ma propre mère** dire « si c'était ta sœur qui divorçait, je lui dirais de tout prendre à son mari, même ce à quoi elle n'a pas droit ». Encouragée par la pression familiale, certaines femmes se lâchent sans vergogne dans une vengeance adoubée par les membres de la famille et les amies.
Nouvelles Relations	Si ta femme envisage une nouvelle relation ou a déjà commencé une autre relation, elle peut être motivée à se débarrasser rapidement de son conjoint. Cela peut la pousser à adopter une attitude impitoyable pour accélérer le processus de divorce.
L'ego et la Fierté	La fierté et l'ego de ta femme peuvent la pousser à se montrer agressive et impitoyable, juste pour ne pas paraître faible ou vulnérable, montrant également qui « est le boss ».

Tu découvriras avec étonnement à quel point tu ne comptes plus pour ta femme, du moins dans ses actes. Ne te formalise pas et concentre-toi sur ta vie future.

CUPIDITÉ FÉMININE

L'ILLUSION DU DIVORCE À L'AMIABLE

Lorsque le divorce est évoqué, il n'est pas rare d'entendre des promesses de coopération et de maintien de bonnes relations, en particulier lorsque l'idée d'un divorce à l'amiable est mise en avant. Cependant, fais attention de ne pas prendre ces paroles pour argent comptant. Cela t'évitera de grandes désillusions.

Les femmes ont diverses raisons de faire des promesses d'un divorce à l'amiable, mais cela ne veut pas dire qu'elles veulent vraiment un divorce à l'amiable. En réalité, les divorces qui commencent à l'amiable ne sont souvent en réalité que des divorces « juridiquement » à l'amiable, il n'en reste pas moins qu'il y aura un combat féroce, et si tu n'y participes pas, tu seras l'herbivore et ta femme le tyrannosaure. Voici les motivations que ta femme a pour affirmer qu'elle veut un divorce à l'amiable.

Voici des raisons possibles pour vouloir divorcer à l'amiable, ou du moins affirmer vouloir divorcer à l'amiable.

Éviter la confrontation

Il peut arriver que certaines femmes n'aiment pas la confrontation. Toutefois, quand il s'agit de prendre de l'argent, beaucoup déviennent bien plus combatives.

Obtenir un consensus plus rapidement

Pour accélérer le processus de divorce, elles peuvent prétendre vouloir un accord rapide. Il faudra que tu te demandes pourquoi elle veut divorcer vite ! Dans mon cas, elle voulait divorcer à l'amiable car elle avait calculé que mes comptes bancaires devaient être à leur maximum car j'ai une activité cyclique. Mais peut-être veut-elle divorcer vite car elle veut pouvoir emménager avec quelqu'un, ou encore parce qu'elle veut acheter un appartement à un tarif intéressant.

Préserver une image positive

Dire qu'elle veut un divorce à l'amiable permet à ta femme d'affirmer au monde entier qu'elle est une « bonne personne », surtout vis-à-vis des enfants auxquels elle n'oubliera pas d'indiquer que tout devrait bien aller car elle voulait un divorce à l'amiable, sauf si « leur père en a décidé autrement et crée des problèmes ».

Ensuite, il est tout à fait possible que ta femme fasse des demandes tellement exorbitantes qu'elles ne peuvent pas être acceptées à moins que tu n'acceptes de te faire piétiner financièrement. La stratégie est que si tu refuses de céder, tout le monde te regardera comme le seul fautif de l'échec du divorce à l'amiable. C'est exactement ce qui m'est arrivé : mon ex-femme voulait un divorce à l'amiable sans passer devant le juge, mais ses demandes étaient tellement exorbitantes que mon avocat m'a expliqué que je ne pouvais pas accepter. J'ai failli me faire avoir, mais par chance, les demandes exorbitantes se sont maintenues pendant un an, et cela a suffi pour que je comprenne qu'elle ne voulait pas vraiment de divorce à l'amiable : elle espérait juste tout me prendre grâce à l'amiable. Heureusement que, prenant un avocat au bout d'un an, j'ai pu ouvrir les yeux et comprendre que j'avais failli devenir la victime totale. Conseil : ne te fais pas avoir, à moins que personne n'ait d'argent dans le couple, il n'y aura pas de divorce à l'amiable, si ce n'est « administrativement ». Ne te laisse pas impressionner : tu peux expliquer à tes enfants que tu aurais aimé un divorce à l'amiable mais que cela n'est possible que si les deux parents sont raisonnables, et que pour l'instant, leur mère n'acepte pas de partage équitable et veut avoir beaucoup plus que toi pour plein de raisons qu'on n'explique pas aux enfants.

Obtenir des avantages à court terme

La promesse de maintenir de bonnes relations peut être une stratégie pour obtenir des avantages financiers ou en matière de garde d'enfants. Tu vas plier l'échine en t'estimant heureux que ta femme soit aussi compréhensive ! Tout ce que tu donneras, elle le prendra ! Tout ce qu'elle te promettra ne sont que des paroles en l'air… Il faut que tu saches que seul ce qui sera dit par un juge aura une valeur aux yeux de ta femme, tout le reste compte pour du vent, sauf ce que tu as promis et que tu lui as donné qu'elle considère comme acquis pour toujours, même si elle ne tient pas ses promesses. Si tu crois aveuglément aux promesses d'un divorce à l'amiable, sache que tu risques d'avoir des désillusions, de perdre de l'argent et de te retrouver dans une situation juridique défavorable, surtout si tu ne fais pas attention à protéger tes intérêts. N'oublie pas qu'à partir du moment où ta femme t'a quitté, tu ne lui dois moralement plus rien.

Pour éviter de te laisser piéger par des promesses vides, il est essentiel de te préparer mentalement, émotionnellement et juridiquement.

LA CUPIDITÉ FÉMININE

Pendant ton mariage, tu as dû le sentir : ton argent, c'était votre argent, et son argent, c'était son argent à elle, et seulement à elle. Une femme qui divorce a baigné toute sa vie dans un environnement où il est normal que l'homme travaille et rapporte de l'argent à la maison. Elle trouve donc normal qu'un homme paye pour elle, même quand elle a divorcé ! Et pas seulement pour les enfants, qu'il paye aussi pour son train de vie ! Pour elle, l'argent que tu gagnes n'est pas le tien, c'est aussi le sien, même si elle t'a quitté ! Et sa mauvaise foi va être sans limite pour te faire payer !

Les hommes sont souvent démunis face aux demandes financières et émotionnelles de leurs femmes quand elles les quittent. En effet, les demandes sont souvent délirantes, et beaucoup de demandes sont rejetées par les juges. Dans mon cas, comme j'ai toujours tout payé pendant tout mon mariage, je n'avais pas imaginé une seconde que mon ex-femme n'hésiterait pas à me plumer si elle le pouvait. Cela a été jusqu'à me dire :

« - *Je sais que ce n'est pas moral, mais je te prendrai tout ce que je peux te prendre* ».

Cela met une pression incroyable sur les hommes en cours de divorce, et c'est d'autant plus déstabilisant qu'il n'y a peut-être jamais eu de dispute concernant l'argent ? Tu ne savais même pas que ta femme était cupide… Au contraire même, tu étais persuadé que l'argent n'était pas important pour elle. D'ailleurs, elle te l'a même affirmé, et elle t'a convaincu.

Voici quelques exemples de demandes financières excessives que les femmes peuvent faire lors d'un divorce :

- Une demande de partage de biens qui inclut des actifs qui ne sont pas considérés comme des biens communs.
- Une demande de pension alimentaire pour enfants qui est plus élevée que ce qui est nécessaire pour subvenir aux besoins des enfants. Les femmes qui demandent des pensions alimentaires ou des partages de biens excessifs sont souvent motivées par la cupidité. Elles peuvent penser qu'elles ont droit à plus que ce qu'elles méritent, ou elles peuvent simplement vouloir profiter de la situation.
- Une demande d'indemnité compensatoire exorbitante alors qu'elle n'y a pas droit.
- Une femme qui demande une pension alimentaire mensuelle qui représente la moitié du salaire de son ex-mari, même si elle est capable de subvenir à ses propres besoins.
- Une femme qui demande un partage des biens qui inclut la maison familiale, même si elle n'a pas contribué à son achat.
- Une femme qui demande une pension alimentaire pour enfants qui est plus élevée que ce qui est nécessaire pour subvenir aux besoins des enfants.

Il existe plusieurs sommes que ta femme a toutes les chances de te demander, nous allons en faire le tour des principales.

INDEMNITÉ COMPENSATOIRE

L'indemnité compensatoire est une somme d'argent qu'un des époux peut être amené à verser à l'autre lors d'un divorce. Son objectif est d'équilibrer les disparités financières créées par la séparation, en particulier si le divorce a des conséquences économiques désavantageuses pour l'un des époux.

Par exemple, imaginons que ta femme estime qu'elle a sacrifié sa carrière ou ses opportunités professionnelles pour s'occuper du foyer ou des enfants, et qu'elle considère que cela t'a permis de poursuivre ta carrière et augmenter tes revenus. Dans le cas où c'est réel, le but de cette indemnité est de protéger les femmes de se retrouver sans aucun moyen d'existence du jour au lendemain. C'est une loi qui a été votée il y a environ 70 ans quand les femmes ne travaillaient pas et n'en avaient pas la possibilité, et qu'elles se retrouvaient en situation précaire à cause de cela. L'indemnité compensatoire vise donc à compenser cette perte de revenu ou de possibilités de carrière. Mais les temps ont changé car les femmes peuvent travailler, et quand elles gagnent moins que les hommes, c'est souvent leur propre choix.

Ainsi, en théorie, il ne devrait pas y avoir d'indemnité compensatoire. Seulement, comme cette loi existe, ta femme va vouloir en profiter. Elle va donc te mettre la pression car elle est persuadée qu'elle va réussir à convaincre le juge qu'elle s'est sacrifiée pour toi. Par exemple, mon ex-femme avait un métier très rémunérateur mais qui demandait de beaucoup travailler, y compris les week-ends. Elle a pris la décision de gagner deux fois moins en devenant institutrice pour moins travailler, avoir des vacances plus longues et ses week-ends. Cela m'a obligé à travailler plus pour compenser le manque d'argent, et j'ai financé les années durant lesquelles elle avait repris les études. A-t-elle été redevable ? Pas du tout ! Elle a même fait dire par son avocat qu'elle avait sacrifié sa carrière pour moi, et qu'elle avait été obligée d'être institutrice alors qu'elle méritait mieux. Ta femme mentira, et c'est même son avocat qui l'encouragera à présenter ses décisions de l'époque comme des sacrifices faits pour toi.

Attention, tu dois savoir que **l'indemnité compensatoire ne dépend pas de la durée du mariage et n'est pas automatique !** Ne te laisse pas manipuler : à moins qu'il y ait un écart de salaire énorme ou que ta femme ne travaille plus depuis des années, il y a peu de chances qu'elle obtienne une indemnité compensatoire. En réalité, il n'y a que 10% des femmes qui demandent une indemnité compensatoire qui l'obtiennent. Reste relax, et n'accepte pas de payer d'indemnité compensatoire à moins qu'un juge ne t'oblige à le faire. Par contre, prépare ta défense, garde les factures de toutes les dépenses que tu as et auxquelles ta femme ne participe pas. Accumule les preuves, car la contribution des époux au foyer pendant le mariage sera peut-être prise en compte pour évaluer s'il faut une indemnité compensatoire (le plus souvent, le juge se fiche que tu as tout payé pendant le mariage, il va considérer que l'argent que tu as gagné appartient pour moitié à ta femme. Par contre, si tu as des SMS ou des mails dans lesquels ta femme dit qu'elle préfère ne pas travailler, ou qu'elle préfère un travail moins payé car c'est son choix, garde-les bien et transmets-les à ton avocat.

En conclusion, à moins que tu ne sois vraiment beaucoup plus riche que ta femme, il y a peu de chances qu'un juge lui accorde une indemnité compensatoire. Si ta femme met cela dans la balance des négociations avant d'aller voir le juge, ne te laisse pas avoir et ne lâche pas de lest sur ce point, car de toute façon, ta femme demandera une indemnité compensatoire maximale quand même si elle a déjà cette idée en tête).

LA PENSION ALIMENTAIRE

La pension alimentaire est l'une des demandes financières les plus courantes après le divorce est la pension alimentaire. Alors que cette aide financière est conçue pour soutenir les enfants, il peut arriver que des ex-épouses cherchent à obtenir des montants excessifs qui dépassent largement les besoins réels des enfants. En réalité, le rêve de ta femme est de continuer à garder son train de vie avant divorce, mais sans toi ! Et à tes frais !

La pension alimentaire va dépendre du type de visite et d'hébergement. Voici un tableau explicatif des trois modes de visite et d'hébergement pour que tu comprennes bien de quoi il s'agit :

Mode de Visite	Description	Fréquence des Visites	Hébergement	Particularités
Réduit	Le parent non gardien voit l'enfant de manière limitée, souvent en raison d'obstacles comme la distance ou des contraintes professionnelles.	Généralement les week-ends et une partie des vacances scolaires.	Nuitées limitées par rapport à un mode classique.	Convenable pour les parents avec des emplois du temps chargés ou vivant loin.
Classique	Le parent non gardien a un droit de visite standard, généralement lorsque l'autre parent a la garde principale.	Un week-end sur deux et la moitié des vacances scolaires.	Nuitées lors des week-ends de visite et des vacances.	Le plus courant, permet un contact régulier avec le parent non gardien.
Alterné	Les parents partagent de manière équitable le temps passé avec l'enfant.	Alternance régulière, souvent hebdomadaire ou bi-hebdomadaire.	L'enfant partage son temps de manière égale entre les deux domiciles des parents.	Plus facile si bonne communication entre les parents, mais ça marche même si conflit

Pour calculer la pension alimentaire qu'elle va te demander, ta femme va se rendre sur un site qui permet de calculer les pensions.

Voici par exemple un tableau résumant le barème des pensions alimentaires en 2023 selon le droit de visite et d'hébergement et le nombre d'enfants. Pour faire simple, tu prends tes revenus mensuels net, tu enlèves 10% et tu multiplies par le pourcentage puis tu multiplie par le nombre d'enfants :

Droit de Visite et d'Hébergement	1 enfant (%)	2 enf. (%)	3 enf. (%)	4 enf. (%)	5 enf. (%)	6 enf. (%)
Réduit	18	15.5	13.3	11.7	10.6	9.5
Classique	13.5	11.5	10	8.8	8	7.2
Alterné	9	7.8	6.7	5.9	5.3	4.8

Ce tableau représente la part de ton revenu que ta femme espère avoir en fonction du droit de visite et du nombre d'enfants. Elle ira d'ailleurs surement sur le site du gouvernement faire une simulation (tu peux le faire aussi), sur ce lien :

https://www.service-public.fr/simulateur/calcul/pension-alimentaire

Attention : lis d'abord la suite avant de faire le calcul car tu vas faire une crise cardiaque ! En effet, la somme calculée risque d'être impressionnante !

En effet, la méthode de calcul ne prend pas du tout en compte les revenus de ta femme, et si elle espère obtenir cette pension alimentaire, en réalité, il y a toutes les chances qu'elle n'obtienne pas la somme espérée ! Regarde : si toi et ta femme gagnez la même somme d'argent par exemple 2000€ ; vous avez 3 enfants, d'après le tableau, tu devras payer une pension alimentaire de 3 x 6,7% x 2000 = 402 € par mois **si tu es en garde alternée**. Mais en réalité, tu devrais payer 0 € devant le juge, sauf si tu tombes sur un juge qui favorise systématiquement les femmes !!

Si cela peut te soulager, j'étais censé payer une fortune, je n'ai rien eu à donner. En effet, j'ai eu la garde alternée et mon ex-femme a réclamé une « double » pension alimentaire de 900 €, soit 1800 € par mois, pendant la phase de négociation, alors que nous pensions aller vers un divorce à l'amiable. Inacceptable (et je peux te dire que j'ai mal dormi pendant des mois). Finalement, nous sommes passés devant le juge : les simulateurs disaient que je devais payer au moins 900 € par mois, mais quand le juge a vu que je gagnais 20 % de plus que ma femme, elle n'a strictement rien eu : 0 euros !!!

Ce n'est pas parce que ta femme te réclame des sommes folles qu'elle pourra les obtenir. C'est un moyen de te mettre la pression grâce à des techniques de négociations avancées que lui propose son avocat (bien sûr qu'elle a un avocat ! Elle l'a peut-être même choisi avant de partir). Pour payer moins de pension alimentaire si tu gagnes beaucoup plus qu'elle, le temps que tu arrives devant le juge, tu auras largement le temps de réduire ton activité professionnelle (à toi de voir comment), de façon à avoir une fiche d'imposition la plus proche possible des revenus de ta femme si tu choisis la garde alternée. Si tu ne vois tes enfants que tous les deux week-ends, débrouille-toi pour gagner moins qu'elle. Cela paraît impossible ? Pas si impossible que cela car souvent, ce sont les femmes qui touchent les aides de la CAF, et on doit prendre ces sommes dans le calcul. Et finalement, avec un salaire plus faible que le tien, peut-être qu'elle gagne plus que toi sans que tu ne le saches !

Pourquoi il faut résister à mort pour ne pas avoir de pension alimentaire : si tu commences à verser une pension alimentaire, tes problèmes ne sont pas finis :

(1) la pension est revalorisée tous les ans en fonction de l'indice des prix à la consommation ! S'il y a 10 % d'inflation par an, tu devras payer 10 % de plus tous les ans même si ton salaire ne bouge pas ! C'est complètement fou !

(2) si tu perds tes revenus, tu dois payer quand même ! (et ne t'attend pas à de la compréhension de la part de ta future ex-femme). Dans ce dernier cas, il faut au plus vite contester la pension alimentaire devant le juge pour l'adapter à ce que tu gagnes vraiment.

PARTAGE DES BIENS

Le partage des biens sera forcément un point de conflit. Par exemple, tu es collectionneur de bandes dessinées, tu en as 3000, ta femme n'en a jamais lu une seule et n'y montre aucun intérêt, elle n'hésitera pas à t'en prendre quelques centaines, juste pour marquer son territoire, juste parce qu'elle en a le droit.

Les futures ex-femmes peuvent réclamer une part disproportionnée des biens matrimoniaux, et les hommes sont généralement leurs victimes. Il est compréhensible que certains hommes cèdent à des demandes excessives dans le but de mettre fin au conflit. Cependant, tu dois comprendre les conséquences si tu acceptes les demandes disproportionnées de ta femme.

Anecdote : pour ma part, il n'y a pas eu de débat, puisqu'elle s'est servie elle-même et a pris tout ce qu'elle voulait dans l'appartement pendant que j'étais en vacances à l'autre bout de la France !

Voilà ce qu'il t'attend :

- **Perte de contrôle.** Tu as accepté de céder une fois, elle te mettra sans cesse la pression car elle sait désormais qu'elle peut te faire craquer

- **Perte financière** *:* Céder à des demandes financières excessives peut avoir un impact significatif sur ta situation financière, cela peut compromettre ta capacité à redémarrer ta nouvelle vie.

- **Perte d'autonomie** *:* Tu risques de te retrouver piégé par des obligations financières écrasantes, ce qui limitera ta capacité à prendre des décisions autonomes et va te pourrir la vie pendant des années. Préfère des relations très tendues, et bats-toi pour ta vie future !

Voici cinq conseils pour la période de partage des biens :

- **Ne te laisse pas intimider.** Si ta femme tente de te faire culpabiliser ou de te faire sentir inférieur, ne cède pas.

- **Un avocat peut t'aider** à comprendre tes droits et à négocier un divorce équitable.

- **Rassemble des preuves** de la situation financière de ta femme, afin de pouvoir négocier un partage des biens équitable. Tu serais étonné de savoir à quel point l'argent va se volatiliser sur des comptes bancaires que tu ne connais pas. Je te prends le pari qu'elle n'aura plus rien sur ses comptes bancaires d'ici le passage devant le juge.

- **Vide tes comptes bancaires,** crée un compte bancaire dans une banque en ligne, ou plusieurs, et vide ton compte bancaire si tu as beaucoup d'argent. Sors un maximum de cash que tu garderas en liquide dès que tu auras entendu le mot « divorce », et cela même si ta femme n'est pas encore partie. Retire de l'argent liquide toutes les semaines

- **Achète un coffre-fort pour chez toi.** Ta femme a peut-être un double des clés. Mets dans ce coffre tous les documents qu'elle n'a pas le droit de voir et ton cash (qu'elle ne doit surtout pas voir ni trouver).

VICTIMISATION DES FEMMES

TA FEMME VA TE FAIRE CULPABILISER !

Une des grandes stratégies féminines est la culpabilisation : et ta femme trouvera de nombreuses façons de te faire culpabiliser. Ce que tu ne sais pas, c'est qu'alors que c'est ta femme qui est partie, de son point de vue, tu es le seul responsable à 100% de l'échec de votre relation, et tu vas devoir payer sur tous les plans.

Pendant nos discussions avec mon ex-femme juste avant notre séparation, nous avions réussi à parvenir à un certain consensus. Nous étions d'accord pour reconnaître que chacun de nous avait sa part de responsabilité dans la dégradation de notre vie de couple, une dégradation sans violence, mais due à l'ennui et au manque de communication.

Pourtant, quelques mois plus tard, au cours d'une conversation, j'ai entendu prononcer cette phrase : « De toute façon, tu es le seul et unique responsable de notre divorce. »

Ainsi, du point de vue de ta femme, tu es perçu comme le seul et unique responsable du divorce. Même si elle peut prétendre le contraire lors de vos discussions, cette croyance profondément ancrée en elle peut justifier toute la mauvaise foi et tous les mensonges qu'elle pourrait utiliser pour te faire du mal

LA STRATÉGIE DE VICTIMISATION FÉMININE EST TRÈS EFFICACE

La victimisation est un processus par lequel une personne se considère ou se présente comme une victime, c'est-à-dire comme quelqu'un qui subit des injustices, des préjudices ou des torts. Cette victimisation est souvent décolérée de la réalité : la personne attribue à d'autres individus, à des circonstances extérieures ou à des facteurs hors de son contrôle ce qui lui arrive dans la vie. Cette personne adopte généralement une attitude de passivité et de plainte, mettant l'accent sur son propre statut de victime, parfois dans le but de susciter de la sympathie, d'attirer l'attention, ou de justifier ses propres actions ou décisions. Il peut arriver à une femme d'être une vraie victime, mais la victimisation est un processus qui permet surtout à des femmes de se présenter comme des victimes quand ce n'est pas le cas, et c'est une technique utilisée pour manipuler leur entourage, en particulier la famille, les mais, les avocats et les juges.

Se victimiser, c'est trouver un moyen de justifier une décision personnelle. En t'accusant et en mettant toute la responsabilité de son départ sur toi, ta femme évite de se remettre en question. Pour ce faire, elle crée un monde mental où tu deviens le bouc émissaire. Moins elle se sent responsable, plus elle a besoin de te faire porter le fardeau et de se raconter une histoire invraisemblable, ne serait-ce que pour se donner une raison de t'avoir quitté.

La victimisation peut aussi servir à échapper à la culpabilité. Ta femme peut ressentir de la culpabilité en quittant la relation, mais en te faisant porter le poids de cette décision, elle réussit à s'en décharger. Elle se convainc que tu es la source de tous les problèmes, ce qui lui permet d'éviter toute responsabilité dans la dégradation de la relation.

La victimisation est une stratégie. Et il n'est pas rare de voir certaines femmes adopter cette stratégie pour atteindre leurs objectifs. Cette approche consiste à se présenter comme la victime innocente de la relation, plaçant ainsi l'homme dans une position de culpabilité et de responsabilité.

Il est possible de repérer certains signes de la stratégie de victimisation, même si la victimisation peut prendre des formes subtiles difficiles à repérer. Voici des indices que tu pourras identifier :

- **Ta femme se met à pleurer régulièrement alors qu'elle ne le faisait pas**. Ces larmes de crocodile associées à des émotions visibles ne sont qu'un spectacle pour susciter la compassion de l'entourage et te convaincre que tu es seul responsable. Remettons les choses à leur place : c'est elle qui te quitte ! Et pour se le justifier, elle a besoin que tu sois le coupable. Ne te laisse pas avoir par toutes ces fausses émotions. Tu découvriras d'ailleurs un talent d'actrice incroyable chez ta femme. En effet, plus elle sera talentueuse, plus elle te prendra d'argent ! Ainsi, alors que je n'avais jamais vu mon ex-femme pleurer de toute sa vie, j'ai pu découvrir un numéro d'actrice extraordinaire devant des avocats, des larmes de crocodile grandes comme des bassines d'eau. Si cela t'arrive, ne sois pas étonné : cela fait partie d'un processus qui va permettre à ta femme d'échapper à la culpabilité de t'avoir quitté et d'avoir peut-être détruit une famille si tu as des enfants, tout en étant soutenue par son entourage proche. Les pires horreurs seront dites sur toi, même si tu ne le sauras jamais, ou par pur accident.

- **Ta femme t'accuse de méchanceté alors que ce n'est pas justifié** : Elle prétend que tu es méchant, insensible, que tu la traites injustement, et elle pourra même affirmer qu'elle a peur de toi !! Encore des mensonges.

- **Ta femme te parle de problèmes personnels qu'elle n'avait jamais évoqués avant** : elle parle de sa dépression, de sa déprime et de son anxiété dont tu serais le seul responsable, et qui l'auraient « obligée » à te quitter car elle n'en peut plus et ne dort plus la nuit… Toute cette mise en scène n'est là que pour t'attendrir et justifier ses actions.

- **Si tu entends que ta femme parle beaucoup de la séparation autour d'elle**, c'est qu'elle est en quête de soutien moral. En général, c'est auprès de la famille, des amis communs, ou même auprès de son avocat. Son seul but est de convaincre le maximum de personnes que tu es une ordure et qu'elle n'est qu'une victime innocente. Elle prépare le terrain.

- **Ta femme évoque des conséquences de ton comportement sur les enfants**. C'est un signe très fort, elle est prête à utiliser les enfants contre toi en faisant croire que les enfants sont impactés par ton comportement. Je connais bien cela car je l'ai vécu : la phrase typique est « *ton comportement perturbe les enfants, nous devons les protéger, il est inadmissible que tu te comportes comme cela, tu n'as pas à les mêler à notre histoire* ». Foutaise : ta femme a inconsciemment honte de détruire la famille et elle doit te faire porter la responsabilité de ses actes. La vérité, c'est que c'est son comportement à elle qui perturbe les enfants, pas le tien. Ne te laisse pas faire et fais ce que tu juges devoir être fait. Si tu penses qu'il faut communiquer avec les enfants et leur expliquer certaines choses, fais-le. Si ta femme te demande de ne pas parler aux enfants, c'est qu'elle ne veut pas qu'ils sachent ce qu'elle fait en réalité. J'ai déjà entendu la phrase : « c'est mieux pour les enfants qu'on se sépare ». C'est faux, ce n'est jamais mieux pour les enfants de se séparer. C'est juste une phrase clé classique que les femmes utilisent pour ne pas assumer leurs actes.

Sois très vigilant car la stratégie de victimisation que va forcément utiliser ta femme aura des conséquences négatives importantes pour toi si tu n'y fais pas attention et que tu te laisses faire :

- **Culpabilité et doute de soi** : tu peux te sentir coupable et commencer à douter de tes actions passées, même si celles-ci étaient raisonnables et que tu n'as rien fait de particulier. La victimisation est une stratégie pour influencer la situation en sa faveur. En se plaçant en position de victime, ta femme peut espérer que tu te sentes coupable et que tu sois prêt à faire des concessions pour tenter de réparer la relation. Elle utilise ainsi la culpabilité comme une arme pour obtenir ce qu'elle souhaite. Peut-être a-t-elle déjà tenté cela en exigeant certaines choses de toi sous la menace de partir ? À l'inverse, pour ta femme, la victimisation est une manière de protéger ses émotions. Elle refuse probablement d'accepter qu'elle ait sa part de responsabilité dans l'échec de la relation, car cela pourrait ébranler son estime de soi. En se présentant comme la victime, elle préserve son estime de soi en évitant de reconnaître ses propres erreurs et faiblesses.

- **Tensions familiales** : la victimisation peut entraîner des tensions familiales lorsque tes proches prennent parti pour ta femme et te rejettent. En se victimisant, ta femme peut obtenir du soutien et de la validation de son entourage. Amis et famille peuvent se ranger à sa cause si elle présente sa décision comme une réaction à ton comportement supposé. Cela renforce sa certitude d'avoir fait le bon choix en te quittant, car elle obtient l'approbation des autres. Et sache un truc incroyable, ta propre famille pourrait se retourner contre toi. Pour être plus précis, les femmes de ta propre famille pourraient se retourner contre toi : ta sœur et ta mère. Je l'ai moi-même vécu : peu importe que ce soit toi la victime, les femmes ont pour principe de se soutenir indépendamment de leur comportement, par simple solidarité féminine. Ma sœur n'a jamais dit un mot sympa pendant mon divorce, ne m'a jamais soutenu, et elle est même partie en vacances avec mon ex-femme sous prétexte que les enfants se voient, alors que cela n'avait jamais été le cas avant. Chose délirante : elle n'a pas du tout compris, dit-elle, pourquoi cela pourrait me poser problème. J'espère que cela ne t'arrivera pas, mais prépare-toi : les femmes de ta famille pourraient te laisser tomber.

- **Stress émotionnel** : tu peux subir un stress émotionnel accru, en te sentant dépassé par la situation et par les émotions de ta femme. Mais n'oublie jamais que toutes ces émotions ne sont qu'une stratégie : reste calme, posé, ne réagis pas.

- **Impact sur la négociation** : la stratégie de victimisation de ta femme va lui être très utile pour influencer la négociation du divorce. Ignore sa victimisation et focalise-toi sur des éléments rationnels, quantifiables et mesurables dans la négociation. Utilise des chiffres, des données, des relevés de comptes, etc. Ta femme ne voudra pas argumenter, elle veut que ce soient les émotions qui priment dans les décisions. Or dans ce cas, tu perdras toujours car culturellement, on donne tout aux femmes. Reste dans le concret, le réel, le rationnel et ramène toujours la discussion à cela. Ne réagis jamais émotionnellement, car si tu le fais, elle gagnera à tous les coups.

FAIRE FACE À LA VICTIMISATION

Pour faire face à la victimisation de ta femme (si elle n'a pas commencé, ça va venir), ne te laisse pas avoir par la manipulation émotionnelle. Voici quelques conseils…

- **Garde du recul** : souviens-toi en permanence que la victimisation est une stratégie, et ne te laisse pas submerger par les émotions. Si tu es un homme plutôt très viril et sanguin, ça sera difficile mais il faut que tu te contrôle.

- **Engage un avocat** : un avocat est le meilleur moyen de rester sur le terrain du rationnel et de quitter les émotions. En effet, il se fiche pas mal de ta situation émotionnelle et de celle de ta femme, seuls les faits l'intéressent, et il est là pour protéger tes droits, des droits que tu peux facilement accepter d'abandonner si tu réagis émotionnellement et si tu te laisses attendrir par la victimisation de ta femme.

- **Documente tout** : garde une trace de toutes les interactions sans exception : fais des captures d'écran des SMS, garde chaque facture de ce que tu paies pour les enfants, archive chaque e-mail, prépare un répertoire avec tout ce qui pourra te servir. Tu ne le sais pas encore, mais tu vas entrer dans une guerre de l'information, tu vas avoir besoin de preuves factuelles : ta femme va mentir sur tout, même devant des évidences ! Sans preuves, tu es mort.

- **Reste calme** : ne réagis jamais sous le coup de l'émotion, garde ton calme. C'est très difficile à faire, je le sais : mon ex-femme savait très exactement ce qu'il fallait me dire pour me faire sortir de mes gonds et me faire réagir émotionnellement. Cela m'a joué des tours car elle a pu utiliser mes réactions contre moi en faisant référence à des e-mails dans lesquels je lui répondais avec énervements sur ses mensonges. De plus, elle utilisait une technique très déstabilisante : elle m'accusait en permanence de faire exactement ce qu'elle me faisait. Par exemple, elle commençait ces mails avec des phrases comme « tu ne fais que mentir » ou « tes paroles sont des mensonges éhontés ». Ou encore : « je sais ce que tu fais, tu m'envoie des mails pour avoir des preuves devant le juge et le convaincre, mais tu mens sur tout ». En réalité, comme c'est ce qu'elle faisait, elle projetait sur moi son propre comportement. **Je vais maintenant te donner l'une des meilleures astuces du monde pour répondre à des e-mails ou des SMS de ta femme quand elle est agressive.** D'abord, tu attends 24 heures avant de répondre (très important), puis tu écris le mail exactement comme tu aimerais le faire si tu savais qu'il n'y a aucune conséquence : tu l'insultes si tu veux, aucun problème. Ensuite, tu vas dans ChatGPT, l'intelligence artificielle (ouvre un compte si tu n'en as pas, cela te servira), et fais corriger ton mail. Écris la demande suivante (qu'on appelle un prompt) : « Corrige mon mail que je vais envoyer à ma femme qui m'a quitté et veut divorcer pour qu'il soit correct. Voici le mail : », puis tu fais un copier/coller de ton mail. La réponse de ChatGPT sera beaucoup plus polie et beaucoup moins dangereuse pour ton futur, car l'IA fera en sorte que tu sois inattaquable. Ce sera même un peu trop poli : tu peux modifier quand même quelques phrases, car ChatGPT a la tendance à être excessivement respectueux.

- **Reste concentré sur tes objectifs personnels** : définis clairement ce que tu veux, par exemple, avoir les enfants en garde alternée et une pension alimentaire minimale, pas d'indemnité compensatoire, et mets alors toute ton énergie pour obtenir ce que tu veux. Si tu ne l'obtiens pas, tu auras fait de ton mieux. Un conseil : interagis le moins possible avec ta femme, tout ce que tu dis pourra être retenu contre toi. Le machiavélisme des femmes peut être stupéfiant.

La stratégie de victimisation est une tactique courante lors du divorce, mais avec la bonne approche, tu peux éviter de te laisser piéger et poursuivre un divorce équitable et équilibré.

MENSONGES ET DISTORSION DE LA VÉRITÉ

Une fois ta femme partie, tu ne le sais pas encore, la guerre est déclarée, même si elle te promet un divorce à l'amiable qu'elle dit espérer « pacifique et apaisé ». Que nenni ! Elle se prépare à te faire la peau ! Elle a passé ses plus belles années de jeunesse avec toi, elle les a sacrifiées pour toi alors qu'elle aurait pu trouver mieux ! La preuve : elle part.

Son problème est que maintenant, sa valeur sur le marché de la rencontre s'est effondrée. En effet, les femmes sont très attractives quand elles sont jeunes et belles, et après 30 ans, avec des enfants, elles sont beaucoup moins attirantes. Leurs exigences sont telles qu'elles ont parfois du mal à trouver quelqu'un qui leur correspond. À l'inverse, les hommes se valorisent par les actions qu'ils ont faites, le succès qu'ils ont obtenus. Par conséquent, avoir « gâché » les années de jeunesse avec toi ne te sera pas pardonné, tu vas payer pour cela !! Et pour cela, elle va utiliser plusieurs techniques pour t'exploiter financièrement au maximum.

LES FEMMES SONT DE MAUVAISE FOI ET MENTENT APRÈS LEUR DÉPART, MÊME SI CELA N'A JAMAIS ÉTÉ LE CAS AVANT

Tu pourrais être étonné de voir avec quel aplomb ta femme va utiliser des stratégies de manipulation émotionnelle et déformer la vérité à la limite du mensonge (et parfois du mensonge total). Ces mensonges peuvent rendre la situation complexe et te causer beaucoup de stress car tu sais que ta femme ment, mais tu es le seul à le savoir ! C'est parole contre parole. Or en général, quand c'est parole contre parole, c'est la femme qu'on croit. Voici les mensonges et les manipulations les plus classiques :

- **L'accusation de négligence parentale** : Certaines femmes peuvent exagérer ou même inventer des négligences de la part de l'homme envers les enfants pour obtenir un avantage dans la garde des enfants. Certaines femmes vont même jusqu'à inventer des violences faites aux enfants, voire même des attouchements sexuels faits aux enfants. Dès que ta femme te quitte, fais attention de ne jamais te retrouver seul avec un enfant, la porte fermée, même si tu sais que ce serait absurde de t'accuser de violences ou d'attouchements, certaines femmes n'hésitent pas à mentir.

- **Les menaces de se faire du mal** : pour te manipuler, il est possible que ta femme t'affirme qu'elle va se mutiler ou se suicider si tu n'acceptes pas ce qu'elle réclame. Ne réagis pas : c'est elle qui est partie. Elle ne fera rien.

- **La manipulation des enfants** : ta femme te promettra qu'elle ne dira jamais de mal de toi aux enfants, et c'est ce que m'avait promis mon ex-femme. En réalité, mes enfants m'ont rapporté que c'est tout le contraire : elle ne cessait de leur raconter les pires horreurs sur moi, à tel point qu'ils ne la croyaient plus. Elle était même allée porter plainte plusieurs fois au commissariat pour harcèlement moral car mes SMS lui semblaient écrits sur un ton désobligeant, ce qui lui permettait de dire aux enfants qu'elle avait porté plainte contre moi. Tout ça, c'est du pipeau, mais tu dois anticiper cela. Ta femme dira du mal de toi à tes enfants, et tu dois communiquer avec tes enfants et leur dire la vérité : décrit la situation du divorce, si ta femme ment et que tes enfants sont en âge de comprendre, n'hésite pas à expliquer que ta femme n'est pas fair-play et montre-leur les messages où elle ment. Tout le monde déconseille de faire cela, mais pourquoi protégerais-tu l'image de ta femme si la réalité de ses actes est moralement répréhensible ? Même si tu n'as pas de preuve, elle leur dit forcément du mal de toi.

- **Les menaces de créer une mauvaise réputation** : les femmes menacent parfois leur époux de salir leur réputation en divulguant des informations personnelles ou embarrassantes, qu'elles soient vraies ou fausses.

- **Les fausses plaintes pour violence domestique** : il est tentant pour les femmes de porter plainte pour violence domestique même quand il n'y en a jamais eu. En effet, comme il n'y a pas de fumée sans feu, peu importe la réalité, tu seras suspecté d'être violent, et les conséquences peuvent être dramatiques et rapides : ne plus avoir le droit de voir tes enfants, par exemple ! Pour te prémunir de cela, sois très peu réactif face aux messages de ta femme, et ne réponds que de façon détachée et très polie. Comme c'est très difficile à faire, quand tu rédiges un SMS ou un mail, utilise ChatGPT pour qu'il t'en fasse une version polie et respectueuse. Tu vas sinon avoir beaucoup de difficultés à expliquer tes propos que ta femme ne manquera pas d'utiliser pour prouver que tu es un homme violent. Si tu es confronté à de fausses accusations de violence domestique, ne laisse jamais un document accusatoire par écrit sans réponse, mais ne réponds pas toi-même, consulte immédiatement un avocat pour prendre des mesures légales appropriées. Ne minimise pas la situation, les conséquences sont généralement très graves.

- **Les accès de colère calculés et déconnectés de la réalité** : les colères soudaines, imprévisibles, sont une technique que j'ai subie pendant mon divorce. Tout va bien depuis quelques semaines ou quelques mois, et soudain, sans aucune raison, mon ex-femme crée un incident : elle s'énerve, me menace de ne pas avoir correctement renseigné les dépenses pour les enfants ou n'importe quel autre sujet. Le but est de créer un incident pour pouvoir ensuite m'accuser de pourrir la situation. Cela crée de l'instabilité, cela va te stresser, et le but est de te pousser à la faute. Évidemment, si tu réponds « Espèce d'idiote, tu dis n'importe quoi, je n'ai jamais fait» Elle utilisera ta réaction pour essayer de prouver que tu es incontrôlable, mauvais et violent. Cela m'est arrivé à chaque fois qu'une période calme était trop longue, c'est-à-dire qu'il n'y avait pas assez de drame pour qu'elle puisse l'utiliser contre moi.

EXAGÉRATION DES DÉPENSES DE L'HOMME

Les femmes peuvent prétendre que l'homme dépense beaucoup plus qu'il ne le devrait pour justifier des demandes financières plus élevées. Prépare les preuves : fais des statistiques sur tes dépenses pendant le mariage, et sur les siennes.

LA DISSIMULATION DE BIEN ET LE DÉTOURNEMENT D'ARGENT

Pour obtenir une part plus importante des biens matrimoniaux, mon ex-femme a caché des actifs financiers de manière à ce que je ne puisse pas en prouver l'existence. Elle avait un salaire correct et percevait par ailleurs les allocations familiales ainsi que d'autres aides sans jamais les avoir mentionnées pendant le mariage. Comme ses seules dépenses n'étaient qu'une partie des courses, elle a pu économiser de grandes sommes d'argent. Mais bizarrement, son compte bancaire était complètement vide au moment du divorce, aucune trace de tout cet argent. Ne sois pas le dindon de la farce, sors de l'argent liquide et crée des comptes bancaires pour protéger l'argent que tu as gagné à la sueur de ton front.

Une autre astuce féminine que tu peux aussi utiliser : le détournement d'argent. Certaines femmes peuvent dépenser inconsidérément de l'argent conjoint pendant la période où le mariage n'a pas été officiellement prononcé. Elle en a le droit car tant que vous n'êtes pas divorcés, ton argent est aussi son argent ! Là encore, tu dois anticiper cela et mettre tout ton argent sur des comptes bancaires où tu es le seul à avoir un accès.

L'OMISSION DES REVENUS

Certaines femmes peuvent ne pas divulguer tous leurs revenus pour obtenir une pension alimentaire plus élevée. Si, comme moi, tu es tête en l'air, tu as peut-être oublié l'existence des allocations familiales car tu n'en as jamais vu la couleur. Tu ne sais peut-être même pas que ta femme touchait les allocations de rentrée scolaire qui peuvent représenter des sommes importantes. Renseigne-toi sur ce qu'elle gagne et ne lui fais pas confiance. Information importante : quand tu as été marié à quelqu'un, tu as le droit de demander la fiche d'imposition de ta femme sans qu'elle n'ait besoin de le savoir. Tu peux également avoir accès à ses fiches d'imposition même après le divorce. Mais cela signifie qu'elle a ce même droit, et si elle est aussi hargneuse que mon ex-femme, elle ira vérifier tes revenus chaque année, même après le divorce, pour voir si elle peut prétendre à plus d'argent.

LA DÉFORMATION DE LA RÉALITÉ FINANCIÈRE

Les femmes n'hésitent pas à manipuler les chiffres de façon à les présenter de manière à prouver que tu gagnes énormément d'argent et que tu es plus riche que tu ne l'es en réalité. Le pire, c'est que ta femme pense peut-être vraiment que tu es riche, alors que tu ne l'es pas ! Par exemple, elle ne prend pas en compte que pour ton activité, tu as besoin de te déplacer en voiture, ce qui te coûte beaucoup, ou bien de payer beaucoup de publicité pour gagner de l'argent. En principe général, les femmes vont regarder l'argent qui entre, mais jamais l'argent qui sort !

LA RÉVISION DE L'HISTORIQUE DE LA RELATION

La révision de l'historique de la relation est la chose la plus extraordinaire et perturbante qui puisse arriver (j'y ai eu droit !). Pour justifier le divorce, mon ex-femme a complètement réinventé ce qu'a été notre histoire pour amplifier les éléments négatifs et en faire une généralité, tout en minimisant les moments heureux. Tu vas voir que ça va être très déstabilisant pour toi, car tu auras l'impression que vous avez vécu des vies complètement parallèles qui n'ont rien à voir. Elle va présenter votre histoire comme globalement hyper négative sur presque tous les aspects de la vie, alors que ta perception est totalement différente. Si tu n'es pas préparé à cela, c'est très dangereux, car tu risques de te remettre en question ! Or, la réalité, c'est qu'elle modifie la réalité et non pas toi qui devient fou. Je ne sais pas à quel point elle arrive à s'auto-persuader, mais j'avais l'impression d'être face à une personne que je ne connaissais pas et qui avait vécu une vie qui n'avait aucun point commun avec la mienne. Par exemple, je passais des congés en famille au bord de la mer dans un lieu paradisiaque chaque année pendant 20 ans, et tout d'un coup, alors que clairement mon ex-femme avait un comportement adorateur de cela pendant toutes ces années, elle explique qu'elle détestait la mer, qu'elle détestait la chaleur, et qu'elle haïssait ces vacances où elle avait l'impression d'être une esclave, tout juste bonne à faire les courses et la cuisine. Du délire ! Si cela t'arrive et que tu n'es pas préparé, c'est très déstabilisant. Voici une phrase que tu pourrais utiliser si elle modifie la réalité dans un de ses mails :

« *Je comprends que tu puisses avoir une vision différente de notre histoire, mais il me semble que pour certaines choses, tu altères la réalité. Certes, chacun de nous peut percevoir les événements différemment, mais pour ma part, j'ai vécu des moments heureux, et c'est ce que je choisis de retenir de notre relation, plutôt que de revisiter la réalité pour la transformer en une expérience globalement négative, ce qui ne correspond pas à ma propre expérience. Je ne te rejoins donc pas du tout sur ta version de ce qu'était notre relation, et j'ai l'impression que tu veux volontairement l'abîmer et en gâcher le souvenir pour des raisons que je ne m'explique pas.*"

LA FAUSSE ALLÉGATION D'INFIDÉLITÉ

Il arrive que des femmes aillent jusqu'à inventer des histoires d'infidélité pour discréditer l'homme et justifier la séparation. C'est avantageux pour elles, car cela leur permet de se poser en victimes alors qu'elles ont prises seules la décision de briser la famille.

LA CRÉATION DE FAUX ANTÉCÉDENTS

Certaines femmes peuvent prétendre avoir vécu des abus ou des comportements inappropriés de la part de l'homme, même s'ils n'ont jamais eu lieu. Très dangereux pour toi si tu ne te défends pas bec et ongle. Toujours la même stratégie : la victimisation.

LA RÉÉCRITURE DES CONVERSATIONS

Une chose qui rend fou, c'est lorsque des messages écrits entre époux, qui sont souvent remplis de raccourcis, de plaisanteries et de blagues en raison de la connaissance mutuelle, sont utilisés de manière détournée. Par exemple, le SMS qui disait « Tu vas voir quand je t'attrape ce soir », faisant suite à une discussion téléphonique joyeuse il y a 5 ans, peut être utilisé par ta femme pour prouver que tu es violent et que c'était une menace physique réelle. Elle pourrait même mentir en prétendant que tu l'as effectivement battue ce jour-là. Bien sûr, il n'y a aucune preuve, mais la réponse typique des femmes qui adoptent cette stratégie est toujours la même lorsqu'on leur demande pourquoi elles n'ont pas porté plainte : « J'avais trop peur de mon mari pour porter plainte ». Cette stratégie est là encore très déstabilisante pour l'homme et permet à la femme d'obtenir plus que ce qu'elle mérite.

LA DISTORSION DES INTERACTIONS AVEC LES ENFANTS

Si tu veux une garde alternée pour les enfants, mais qu'elle veut la garde exclusive, ta femme n'hésitera pas à inventer des histoires rocambolesques pour prouver que tu n'es pas d'une grande utilité pour les enfants, que tu n'as jamais rien fait pour eux, que tu n'as jamais été présent pour eux et qu'ils vivront mieux sans toi. Si cela t'arrive, tu dois contacter un avocat le plus vite possible et prouver, en recherchant dans ton planning, tes e-mails, ou toute autre information, ce que tu faisais avec les enfants, à quel moment, en donnant des dates précises, des activités précises (par exemple, aller dans un parc d'attractions) et des horaires précis. Plus tu es précis, plus tu seras convaincant.

L'UTILISATION DE FAUX TÉMOIGNAGES

Je ne te le souhaite pas, mais ta femme pourrait encourager des tiers à fournir de faux témoignages pour renforcer sa position dans le divorce. Par exemple, une amie très proche à laquelle elle se plaint régulièrement depuis longtemps, et qui la croira aveuglément, acceptera peut-être de témoigner par écrit en racontant les pires horreurs sur toi pour lui rendre service.

LA DÉSOCIABILISATION

Ta femme peut chercher à t'isoler socialement en te dénigrant devant tes amis, ta famille ou tes collègues. Elle peut raconter des mensonges à ton sujet, te présenter sous un jour négatif et essayer de ternir ta réputation. Cela peut affecter tes relations avec les autres, y compris avec tes enfants.

Il est essentiel de reconnaître ces mensonges potentiels et de travailler avec un avocat expérimenté pour protéger tes droits et ta réputation. Ne te laisse pas piéger par ces tactiques de manipulation et de distorsion de la vérité. Reste vigilant et concentre-toi sur la recherche d'une résolution équitable et équilibrée de la situation de ton point de vue.

PROTÈGE TES DROITS

NE CÈDE PAS À DES DEMANDES INJUSTIFIÉES

Tu ne dois pas céder à des demandes financières injustifiées. Les émotions peuvent être fortes pendant un divorce, mais il est essentiel que tu prennes des décisions rationnelles. Ne te laisse pas submerger par la culpabilité ou la pression.

Les demandes injustifiées peuvent prendre de nombreuses formes. Il peut s'agir de demandes de pension alimentaire déraisonnablement élevées, de revendications sur des biens qui ne sont pas justifiées, ou même de tentatives pour obtenir des avantages financiers sans base solide. Ces demandes peuvent être motivées par la cupidité, mais aussi par un manque d'empathie envers ta situation.

Exemple concret : Imaginons que ton ex-femme demande une pension alimentaire trois fois plus élevée que ce dont elle a réellement besoin pour maintenir son niveau de vie. Cette demande peut sembler injustifiée et motivée par l'appât financier, mais il est important de ne pas céder à une telle demande, car cela pourrait te laisser dans une situation financière précaire.

Sur le plan psychologique, céder à des demandes financières excessives peut avoir des conséquences néfastes. Cela peut renforcer le sentiment de pouvoir et de contrôle de ta femme, ce qui peut nuire à ton estime de toi. Céder à l'injustice peut engendrer de la frustration, de la colère de ne pas avoir défendu tes droits, ainsi qu'un sentiment d'impuissance, ce qui n'est pas sain sur le plan émotionnel.

Sur le plan financier, céder à des demandes injustifiées peut entraîner des conséquences à long terme. Cela peut t'épuiser financièrement et te laisser dans une situation précaire. La cupidité de ta femme peut la pousser à chercher plus que ce qui est équitable, et céder à de telles demandes pourrait te priver de ressources financières dont tu as besoin pour ton propre avenir.

Il est donc essentiel de ne pas céder à des demandes injustifiées, à la fois sur le plan psychologique et financier. Cela nécessite une résistance ferme, une compréhension de tes droits et une détermination à défendre ce qui est juste pour toi. Souviens-toi que tu mérites d'être traité équitablement et que céder à la cupidité de ton ex-femme ne sert ni tes intérêts ni ton bien-être à long terme.

PRENDS UN AVOCAT

Choisir un avocat

Il est important que tu ais un bon avocat. Tu dois savoir le choisir et tu dois savoir quoi en attendre. Mon astuce pour bien le choisir :

- Choisis de préférence un avocat spécialisé dans les divorces, ne prend pas un généraliste. Tu peux lui poser la question suivante pour le tester : « j'ai un appartement que j'ai acheté un appartement 2 ans avant de me marier, mais j'ai continué à rembourser l'appartement pendant le mariage. Ma femme a-t-elle le droit de récupérer une partie de la valeur de l'appartement ? » La réponse doit être « oui, elle peut récupérer la moitié de la valeur de la quote-part remboursée pendant le mariage ». Si l'avocat te dit qu'elle n'aura droit à rien, c'est qu'il ne connaît pas vraiment les lois qui régissent le mariage (communauté de bien). J'ai été personnellement obligé de changer d'avocat car il ne faisait rien pour moi et ne s'y connaissait pas, car il n'était pas spécialisé en divorce.

- Un avocat est censé te faire payer sans aucun pourcentage sur la réussite si tu gagnes plus que ta femme. Ta femme, qui gagne moins, paiera un pourcentage sur tout l'argent que l'avocat arrivera à te soutirer. Dans aucun cas un avocat honnête ne demandera un pourcentage de réussite PLUS un tarif horaire.

Un avocat ne fera pas plus que le minimum pour toi. Tu seras obligé de passer du temps à comprendre certaines lois pour mieux te défendre. Je te déconseille de considérer que ton avocat va tout prendre en charge et que tu n'as plus rien à faire.

L'avocat te protège

Ton avocat peut t'aider à évaluer la validité des demandes de pension alimentaire ou de partage des biens, et te conseiller sur la manière de protéger tes droits.

Exemple concret : J'ai vu des hommes prendre des décisions éclairées avec l'aide de leurs avocats, réduisant ainsi considérablement les demandes financières excessives de leurs ex-épouses.

Ton objectif est de te sentir en contrôle de la situation et de gérer au mieux ton divorce. Les demandes financières excessives peuvent être un défi, mais avec la bonne approche et les conseils appropriés, tu peux protéger tes droits et tes ressources financières.

Rappelle-toi que tu as le droit de défendre ce qui est équitable et juste pour toi. Ne laisse pas la cupidité de ta femme dominer ton divorce.

Dis tout à ton avocat, il peut tout entendre

Pour tirer pleinement parti de l'expertise de ton avocat, il est essentiel d'entretenir une communication ouverte et honnête avec lui. N'hésite pas à poser des questions, à partager tes préoccupations et à expliquer tes objectifs. U peux aussi donner tes points faibles. Ton avocat a besoin de tout savoir pour élaborer la meilleure stratégie en fonction de ton profil. Ne lui mens pas.

Prends le temps de réfléchir à tes priorités. Que veux-tu protéger ? Quels sont tes objectifs financiers et émotionnels ? La clarté sur tes priorités te permettra de prendre des décisions éclairées.

Exemple concret : une de mes connaissances a décidé de prioriser la garde partagée de ses enfants plutôt que de lutter pour une part plus importante de ses biens matériels. Cette décision a eu un impact positif sur sa relation avec ses enfants.

Garde à l'esprit que tu as le droit de défendre ce qui est juste et équitable pour toi. La cupidité ne doit pas dicter le cours de ton divorce.

LA NÉCESSITÉ DE PASSER DEVANT LE TRIBUNAL

Pourquoi il est important de formaliser le divorce devant le tribunal, même en cas de divorce à l'amiable ? Pour :

- Protéger tes droits légaux
- Éviter les désaccords futurs
- Mettre un terme aux demandes exorbitantes de l'avocat de ta femme

Pourquoi aller au plus vite devant le juge ?

Pour ta santé mentale, et même si tu envisages un divorce à l'amiable, il est essentiel de passer devant le juge pour fixer les modalités de garde des enfants et les modalités de partage des biens. Voici pourquoi :

- **Protection juridique :** le divorce officiellement reconnu par le tribunal garantit que tous les aspects juridiques sont correctement gérés. Cela comprend le partage des biens, la garde des enfants, la pension alimentaire, et d'autres questions importantes.
- **Droit à la garde des enfants :** En formalisant le divorce devant le tribunal, tu protèges ton droit à la garde des enfants. Cela garantit que la décision soit prise en fonction de l'intérêt des enfants, plutôt que de l'opinion de l'un des parents.
- **Clarté juridique :** La procédure juridique fournit des directives claires et une structure pour résoudre les différends. Cela réduit le risque de litiges futurs.

Partage des dépenses des enfants

Il se trouve que le partage des dépenses communes pour les enfants n'est pas toujours clair. Mon conseil : idéalement, réduis au maximum les contacts avec ton ex-épouse concernant les dépenses. En pratique, tu ne devrais payer que les dépenses communes telles que les abonnements téléphoniques, la scolarité, le bus, la cantine et les activités extrascolaires. Cela inclut le matériel et les inscriptions. Par exemple, pour la piscine : l'inscription est partagée, mais chacun achète son bonnet, ses lunettes et son maillot. Pour la musique, l'inscription à une école, l'achat de l'instrument, l'assurance et les partitions sont partagés. Toutefois, je te déconseille de partager les habits, les chaussures et les éléments quotidiens pour éviter les conflits. Ça risque de vite déraper : ta femme qui achète quelque chose et te demande la moitié sans même te demander si tu es d'accord : refuse de partager (car ce ne sont pas des frais dits « exceptionnels ») et achète-les chose en double pour que tes enfants les aient chez leur mère et chez toi. Cela évitera des complications incroyables !! Que je regrette d'avoir été faible et d'avoir commencé à accepter à partager les frais des habits, vestes et chaussures : cela m'a démoralisé de recevoir sans cesse des messages réclamant de l'argent ! Une vraie dérobade de cash !

Concernant le partage des dépenses, souvent, le contrat de divorce exige un accord parental. Si tu veux inscrire les enfants à une activité, tu dois demander l'autorisation de leur mère. Sans cette autorisation, elle n'est pas tenue de participer aux dépenses, même communes. Et si tu lui pose la question, elle a le droit de refuser sans explication. C'est une règle incroyablement débile car cela veut dire que ta femme peut décider de ne jamais rien payer ! Par exemple, mes enfants allaient à une école de musique depuis 10 ans. Mon ex-femme a refusé de participer aux frais d'inscription car je ne lui ai pas envoyé de courrier officiel. En réalité, j'avais qu'elle allait refuser de donner son accord pour la réinscription des infants à la musique et au sport. J'espère que cela ne t'arrivera pas, mais quand une femme aime l'argent, cela passe avant ses enfants !

En tout cas, tu as trois options si elle refuse de participer :
  (1) Tu sacrifies les enfants et ils ne font pas d'activité (je ne recommande pas, pour le bien des enfants)
  (2) Tu acceptes de payer tout seul pour éviter les complications
  (3) Tu fais pression via ton avocat, ce qui implique des coûts supplémentaires.

Protéger tes droits légaux

Le divorce implique des aspects légaux complexes, tels que le partage des biens, la pension alimentaire, et la garde des enfants. Se présenter devant le tribunal te permet de sauvegarder tes droits légaux, assurant ainsi une résolution équitable et conforme à la loi.

Cela devrait aussi diminuer les conflits post-séparation : les décisions judiciaires définissent clairement les obligations et les droits de chaque partie, réduisant la probabilité de conflits à venir.

Cela permet de gérer les demandes excessives. En effet, il n'est pas rare que l'avocat de la femme formule des demandes initialement élevées, telles qu'une pension alimentaire importante ou une surestimation des biens à diviser. Ces demandes sont souvent stratégiques, visant à négocier un accord plus favorable. Il est essentiel de résister à cette pression et de collaborer étroitement avec ton avocat pour aboutir à une solution juste et équilibrée.

Ainsi, passer devant un tribunal, même dans un divorce à l'amiable, est une démarche pour garantir un processus équitable et transparent, respectant la loi. Cela va te fournir une protection juridique, préserver tes droits légaux, en particulier par rapport aux enfants, et minimise les risques de conflits futurs.

CINQ ERREURS À ÉVITER ABSOLUMENT

Si tu ne veux pas minimiser l'argent que tu vas perdre pendant ton divorce, voici les plus grosses erreurs que tu dois éviter :

- **Ne pas prendre un avocat** : Un avocat est un atout précieux pour un homme qui divorce. Il peut t'aider à comprendre tes droits et à négocier pour protéger tes intérêts. L'avocat est le seul rempart juridique contre ta femme, et je te garantis que tu vas en avoir besoin, car elle va vouloir tout te prendre. L'argent que tu paieras à l'avocat ne sera pas de l'argent dépensé pour rien, il t'empêchera de faire des concessions financières injustifiées.

- **Ne pas aller devant le juge aux affaires familiales**, le JAF : tu crois que tu vas t'en tirer avec un divorce à l'amiable ? Je sais, tout le monde pense que cela va fonctionner, et c'est pourquoi, quand on est un homme, on croit qu'accepter des concessions nous rapproche de cet objectif : un divorce à l'amiable et pacifié. Oublie immédiatement cette possibilité. Seul le juge pourra imposer et fixer les vraies règles du jeu. Donc, demande à ton avocat **d'immédiatement** passer devant le juge (en fait cela prendra plusieurs mois pour passer devant le juge). Je sais que cela impressionne et que tu as envie d'éviter, mais après 2 ans de tergiversations, passer devant le juge a été un soulagement, cela a mis fin aux chantages, menaces financières et autres horreurs pour me mettre la pression. Seule exception, si tes revenus sont très élevés et que tu as besoin de temps pour baisser tes revenus. Mais sinon, n'hésite pas une seconde, va devant le juge, surtout si tu vas avoir une garde alternée et que tu ne gagnes pas beaucoup plus que ta femme !

- **Combattre pour une évaluation a minima des biens immobiliers et autres** : j'avais un T2 dans le sud de la France acheté avant le mariage (mais je devais en verser 40% de la valeur à mon ex-femme). L'avocat de mon ex-femme a valorisé le bien à 250 000 € ! J'ai été obligé de vendre, et j'en ai tiré environ 135 000 €, soit presque deux fois moins. Quand je l'ai fait remarquer à cet avocat fourbe, il m'a dit « il fallait bien que je tente ». Il faut que tu fasses évaluer TOI-MÊME les biens, avec une personne que tu paies toi-même. Ne fais jamais confiance aux experts mandatés par ta femme. N'hésite pas à demander une évaluation du bien en disant : « J'ai besoin de connaître la valeur si je veux pouvoir le vendre en seulement 2 mois, car je suis très pressé ! En effet, un bien immobilier a beaucoup moins de valeur quand on est obligé de le vendre très vite que quand on prend le temps. Tu vas alors avoir une estimation basse qui te fera économiser de grandes sommes d'argent.

- **Répondre par écrit à l'avocat de ta femme ou à ta femme** : tu parles à un spécialiste, tout ce que tu diras sera retenu contre toi. Ne réponds jamais à un courrier de l'avocat, et si la situation est tendue, ne réponds à aucun courrier de ta femme par écrit. Transfère à ton avocat et laisse faire. Cela va te coûter de l'argent, mais cela t'en fera économiser bien plus.

- **Accepter toutes les demandes pour éviter le conflit** : l'une des erreurs les plus graves est d'accepter toutes les demandes de ta femme pour éviter le conflit.

COMMUNICATION
PENDANT LE DIVORCE

SE PROTÉGER DES MANIPULATIONS ÉMOTIONNELLES ET DES MENSONGES

En situation de divorce, il peut être tentant de réagir violemment aux tentatives de manipulation de ta femme. Il faut effectivement établir des limites face aux manipulations émotionnelles de ta femme, mais tu dois aussi préserver ton bien-être émotionnel (et s'énerver n'est pas bon) et maintenir une communication qui ne te soit pas trop défavorable.

Tu vas donc devoir mettre en place un système d'autoprotection, en particulier si ta femme ment ou porte des accusations fausses sur toi. Plutôt que de réagir plus ou moins violemment, ce qui devrait logiquement être le cas, tu vas devoir accepter de communiquer de la façon respectueuse et rationnelle, la plus neutre possible, car tes paroles et actions peuvent être utilisées contre toi. En particulier, soit vigilant pour les documents qui laissent une trace : SMS, réseaux sociaux, mail. Mais qui sait, peut-être ta femme t'enregistre-t-elle lors de conversations téléphoniques, soit donc méfiant également au téléphone. Si la situation est tendue, équipe-toi toi-même d'une application mobile qui enregistre les conversations téléphoniques. Cela pourra t'être utile pour prouver les mensonges de ta femme si c'est nécessaire, mais ne lui jamais que tu l'enregistres. Ces enregistrements ne doivent être communiqué qu'à ton avocat si ce dernier pense que cela peut être utile pour ton dossier.

La communication respectueuse sert à éviter les pièges de ta femme, dont l'objectif est de te faire sortir de tes gongs pour exploiter ensuite tes réactions. Reste calme, ainsi tu pourras prouver ta volonté de coopération et ton désir de maintenir des relations correctes. Cela sera difficile car face à des accusations infondées de ta femme, tu vas avoir envie de réagir vivement et de la traiter de tous les noms d'oiseaux.

Il te faudra être d'autant plus prudent que les fausses accusations de harcèlement sont fréquentes dans les divorces. Ainsi, mon ex-femme est allée déposer deux mains courantes pour harcèlement moral car la « tonalité » de mes SMS était agressive à ses oreilles. Communiquer respectueusement sert de défense contre ces allégations mensongères. Garde toujours en tête que la communication respectueuse préserve ta crédibilité et démontre ta volonté de gérer le divorce de manière mature et responsable. Comme tous les hommes, tu auras la rage qui va t'étouffer devant les horreurs que dira ta femme, mais contrôle-toi, parce que tu ne dois jamais oublier qu'une femme sera toujours crue par défaut, et qu'un homme aura toujours besoin de prouver tout ce qu'il affirme. Si tu prouves que tes interactions ont toujours été respectueuses, cela affaiblit les tentatives de ta femme de te dépeindre négativement.

Une communication rationnelle et respectueuse va t'aider à :

- **Préserver ta crédibilité** : en répondant de manière calme et rationnelle, tu préserveras ta crédibilité aux yeux des professionnels impliqués dans le divorce et du tribunal.

- **Éviter les erreurs** : les réactions émotionnelles peuvent entraîner des erreurs dans tes décisions et tes actions, ce qui pourrait avoir des conséquences négatives sur le résultat du divorce. C'est pourquoi **tu ne dois jamais répondre le jour même**, mais attendre le lendemain. Lit le message attentivement et ne réponds que le lendemain ou même le surlendemain, pour ne pas réagir à chaud car c'est ce que ta femme veut. Cela te portera préjudice

- **Minimiser les conflits** *:* une communication rationnelle et respectueuse permet de minimiser les conflits et de maintenir une atmosphère plus saine pour toi. En effet, tu ne laisses pas de prise à ta femme pour t'agresser sur la façon dont tu t'adresses à elle.

LA MÉDIATION

Principe de la médiation

Quand la communication devient presque impossible, la médiation peut être envisagée. La médiation est un processus payant, onéreux, qui implique l'intervention d'un tiers neutre pour aider à résoudre les conflits. En général, c'est un avocat qui peut gérer cela. La médiation peut être utile parce qu'elle permet de discuter des problèmes de manière structurée et de rechercher des solutions pour des éléments qui nécessitent un petit conseil juridique. Par exemple, un médiateur peut aider à élaborer un plan de garde des enfants, à discuter de la répartition des biens, ou aider à aborder d'autres questions tendues. En général, on organise une médiation quand il est difficile de communiquer. Ça se passe de la façon suivante : le médiateur donne la parole à l'un et à l'autre à tour de rôle. Dans mon cas, chacun parlait en s'adressant au médiateur pour ne pas avoir à s'adresser directement à l'autre en présence du médiateur.

Attention, la médiation n'a aucune valeur juridique.

Attention, la médiation peut être utilisée par ta femme pour prouver que tu ne fais pas d'effort

Il est possible que ta femme demande une médiation dans le seul espoir que tu ne l'acceptes pas, ou encore pour te soumettre une liste de ses caprices via le médiateur. Elle va espérer que tu craques et que tu fasses des concessions. Écoute attentivement ses attentes, prépare-toi une liste de ce que toi tu veux, et surtout, ne lâche jamais du lest sans contrepartie, jamais ! Et la règle doit être la suivante : quand tu lâches du lest, lâche quelque chose à laquelle tu accordes moins de valeur que la chose que tu obtiens en échange, peu importe qu'il y ait un médiateur dans la pièce ou pas. Ce n'est pas une mauvaise idée de préparer la médiation avec un avocat.

La médiation post divorce : danger possible

Petit cas particulier, la médiation peut être demandée par ta femme devenue ton ex-femme après le prononcé du divorce. Pourquoi ? Parce qu'elle n'est pas contente de ce qu'elle a obtenu devant le juge et parce qu'elle veut plus. Elle essaiera probablement d'abord d'obtenir des choses à l'amiable via son avocat qui t'enverra une lettre de menace avec des exigences incroyables. Ignore complètement ce courrier, c'est juste du bluff. Rien ne presse, mais fais passer ce courrier à ton avocat. La seule chose qui doit changer les règles du jeu, c'est un juge, n'accepte rien si cela ne t'arrange pas. Elle va donc vouloir te traîner devant un juge, mais pour cela, il faut qu'elle justifie d'avoir tenté une médiation. Ainsi, mon ex-femme a demandé une médiation deux ans après le prononcé du divorce, pour obtenir une pension alimentaire qu'elle n'a pas obtenue devant le juge. J'ai compris par mon avocat qu'une demande de médiation post-divorce n'a pour seul objectif que d'obtenir une attestation de médiation indépendamment. Tu as plutôt intérêt à accepter la médiation pour prouver que tu es de bonne foi. Pendant la médiation, fais une minuscule concession qui ne te coûte rien si c'est possible, et exige une attestation de médiation dans laquelle il est indiqué « des progrès ont été faits, mais la résolution du problème n'a pas été obtenue », et non pas « aucun progrès n'a été fait », car cela sera une attestation qui pourra prouver que tu as essayé d'être conciliant, mais que c'est ta future ex-femme qui n'a pas voulu continuer. Si tu es content de la situation prononcée par le juge, tu as intérêt à accepter la conciliation mais à faire durer tout le processus le plus longtemps possible car tu n'es pas sûr de gagner même si tu es dans ton bon droit. Avec les années qui passent après le divorce, l'âge de la majorité des enfants approche et tu ne devras plus rien à ton ex-femme. Un jour tu seras délivré.

TA FEMME SABOTERA TES RELATIONS AVEC TES ENFANTS

Si tu as des enfants, protéger ta relation avec tes enfants est l'une des priorités absolues. Tu dois savoir que ton ex-femme tentera de saboter cette relation même si elle affirme le contraire. Tu dois apprendre à contrecarrer ses plans machiavéliques. Voici d'abord les manipulations classiques que tu dois connaître pour te préparer.

NE CROIS PAS TA FEMME QUAND ELLE DIT QU'ELLE NE DIRA JAMAIS DE MAL DE TOI AUX ENFANTS

Il est probable que ta femme tente de s'entendre avec toi pour que vous ne disiez pas de mal l'un de l'autre aux enfants, et elle te promettra sincèrement qu'elle ne dira jamais de mal de toi devant les enfants, elle te l'écrira même ! Ne crois pas cela ! Son seul objectif est que toi, tu ne dises rien de négatif sur elle !

Elle prépare le terrain en anticipant les comportements odieux qu'elle aura envers toi, car elle veut éviter que les enfants sachent ce qu'elle fait, particulièrement s'ils sont en âge de comprendre. De ton côté, tu as promis de ne rien dire, ce qui te pèse car tu observes avec dégoût comment tes enfants continuent de voir leur mère comme un modèle angélique malgré sa conduite à ton égard.

Un jour, j'ai proposé à mon ex-femme l'idée que mon fils, alors collégien, parte en vacances à l'étranger avec moi pendant une semaine pour rendre visite à de la famille. Elle a catégoriquement refusé, sans fournir d'argument, manifestement pour exprimer son pouvoir sur la situation. Toutefois, étant donné que mon fils avait exprimé depuis longtemps le désir de partir en vacances à l'étranger, et qu'elle ne souhaitait pas être tenue pour responsable de sa déception, elle m'a demandé de dire à mon fils que c'était MOI qui avait finalement conclu que l'idée de partir une semaine en vacances à l'étranger n'était pas une bonne idée et que j'avais changé d'avis !!!

Une femme pourrait argumenter qu'on peut mentir pour préserver le bien-être des enfants et éviter qu'ils aient une mauvaise image de leurs parents. Mais, en réalité, ce qu'une femme cherche avant tout, c'est à préserver sa propre image ! N'accepte jamais de mentir à tes enfants pour protéger ta femme. L'éducation des enfants est un combat de longue haleine, car une fois qu'ils seront adultes, ils choisiront quel parent ils préfèrent, quel parent ils iront voir. Alors bats-toi dès le premier jour, car sinon, tu risques de perdre tes enfants à long terme.

Voyons quelles sont les différentes stratégies que peut utiliser ta femme pour te nuire avec les enfants.

ALIÉNATION PARENTALE

L'aliénation parentale est une tactique manipulatrice utilisée par un parent, souvent la mère, pour éloigner les enfants de l'autre parent. Cette stratégie peut prendre plusieurs formes :

- **Dévalorisation** : la mère dénigre le père aux yeux des enfants, le présentant comme incompétent, indigne de confiance, ou même dangereux.
- **Diabolisation** : la mère exagère les aspects négatifs du père et en crée une image diabolisée pour effrayer les enfants (« de toute façon, votre père ne vous aime pas ! », grand classique).
- **Création de faux souvenirs** : la mère peut induire de faux souvenirs dans l'esprit des enfants, les persuadant que le père a commis des actes qu'il n'a jamais commis. Cela paraît incroyable, mais l'utilisation de manipulation mentale peut amener un enfant à croire à tort que son père a volé son jouet préféré, même si cela ne s'est jamais produit, créant ainsi un faux souvenir qui affecte leur relation. Pour créer un tel faux souvenir, la mère peut dire quelque chose comme : "Je me souviens clairement que ton père a pris ton jouet préféré et ne te l'a jamais rendu. C'est vrai, tu ne t'en rappelles pas ?"

- **Intimidation** : des menaces ou des comportements intimidants peuvent être utilisés pour influencer les enfants et les pousser à s'éloigner de toi. La mère peut par exemple dire : "Si tu retournes chez ton père ce week-end, il pourrait devenir vraiment en colère et ne plus jamais te laisser revenir ici. Tu ne veux pas finir par être puni, n'est-ce pas ? Reste avec moi, c'est plus sûr."

MENSONGES SUR LA GARDE DES ENFANTS

Les mensonges sur la garde des enfants représentent une tactique manipulatrice souvent utilisée dans les situations de divorce ou de séparation. Cette forme de manipulation peut être particulièrement préjudiciable, car elle peut avoir des conséquences graves pour toi et tes enfants. Voici quelques aspects de cette manipulation :

- **Fausse allégation d'indifférence parentale** : l'un des parents, généralement la mère, peut prétendre que l'autre parent, le père, ne s'intéresse pas aux enfants. Elle peut exagérer ou même inventer des comportements pour faire croire que le père est indifférent à leurs besoins. L'objectif derrière ces mensonges est souvent de gagner la garde exclusive des enfants en se présentant comme le seul parent qui aime ses enfants.

- **Allégations de négligence ou de danger** : la mère peut faire croire que le père est incapable de prendre soin des enfants ou qu'il représente un danger pour leur sécurité. Ces allégations graves sont faites dans le but de discréditer le parent adverse et de justifier la prise de décisions unilatérales concernant la garde.

- **Manipulation des horaires** : une autre forme de manipulation consiste à jouer avec les horaires de garde, les rendez-vous ou les activités pour t'empêcher de passer du temps avec les enfants. Par exemple, ta femme pourrait planifier des activités pour les enfants pendant tes périodes de garde ou modifier les horaires de manière à interférer avec ton temps de visite. Cette tactique vise à créer une image trompeuse selon laquelle tu ne t'impliques pas suffisamment.

Pire : la mère manipulatrice peut sournoisement profiter du temps qu'elle t'a « volé » pour affirmer que tu ne veux pas voir les enfants. Cela peut sembler paradoxal, car en réalité, elle a délibérément entravé ton temps de visite, puis elle utilise cette entrave pour justifier des accusations de désintérêt parental. C'est toutefois une arme à double tranchant pour la femme, car il est facile de garder des traces de ces manipulations pour prouver que c'est une volonté délibérée de la mère.

Ces tactiques de manipulation dans les affaires de garde d'enfants peuvent être destructrices sur le plan émotionnel pour toutes les parties concernées, en particulier pour les enfants qui se retrouvent au milieu de ces conflits. Ne te laisse pas impressionner et bats-toi pour tes enfants : fais ce qui est bien pour eux et ignore les mensonges de ta femme. Si la situation est tendue sur ce sujet, aie le réflexe de t'adresser à ton avocat.

MAINTIEN UNE RELATION POSITIVE AVEC LES ENFANTS MALGRÉ LES TENTATIVES DE SABOTAGE

Les tentatives de sabotage de ta femme auront des conséquences sur tes enfants :

- Les enfants peuvent éprouver de la confusion, de la tristesse, de la colère et développer des troubles émotionnels en raison de la pression subie.
- Les liens familiaux peuvent se détériorer, ce qui peut avoir des conséquences à long terme sur tes relations avec les enfants (cela va aussi détériorer les relations entre les enfants et ta femme, mais cela, on s'en fiche, c'est quand même elle qui est en train de détruire ta famille).
- Les enfants peuvent voir leur bien-être émotionnel et psychologique affecté, ce qui peut influencer leur développement.

Voici quelques conseils pour protéger ta relation avec tes enfants :

- **Reste calme et rassurant avec eux** : les enfants peuvent être perturbés par les conflits entre les parents. En restant calme et en rassurant tes enfants que tu les aimes et que tu seras toujours là pour eux, tu contribueras à apaiser leurs inquiétudes.

- **Communique** : écoute attentivement tes enfants et assure-toi qu'ils savent qu'ils peuvent s'ouvrir à toi en toute confiance, dis-leur : "Vous pouvez toujours me parler de tout, je suis là pour vous écouter et vous soutenir." La communication renforce les liens. N'hésite pas à expliquer clairement ce qu'il se passe pendant le divorce (sans entrer dans les détails) ; les enfants détestent sentir que des choses importantes se passent sans être tenus à l'écart. Sois transparent avec eux, ils apprécieront (par contre, ne parle pas des stratégies que tu mets en place pour lutter et te défendre contre ta femme).

- **Maintiens une routine stable** : maintiens une routine stable pour les enfants parce que cela peut les aider à se sentir en sécurité et à maintenir un sentiment de normalité. S'ils faisaient de la musique ou du sport, maintiens cette activité, amène-les à leurs activités extrascolaires. La vie ne doit pas s'arrêter pour eux. Si ta femme ne veut plus participer financièrement à leur activité, paie tout, un jour tes enfants sauront reconnaître quel parent a fait quoi pour eux.

- **Fais appel à ton avocat** : si les tentatives de sabotage sont graves ou si les enfants montrent des signes de détresse, n'hésite pas à faire appel à des professionnels, comme un conseiller familial ou un psychologue pour enfants.

LA GARDE ALTERNÉE

Le père est plus important que la mère pour la réussite des enfants

On sait aujourd'hui grâce à des études faites aux États-Unis que les enfants élevés par une mère seule ont plus de chances d'aller en prison et de commettre des actes répréhensibles, alors que les enfants élevés par leurs deux parents **ou** par un père seul ont moins de chances de mal tourner. Sans toi, tes enfants réussiront moins bien qu'avec toi. Si tu veux que tes enfants réussissent et deviennent de bonnes personnes, tu dois être là. La garde alternée est souvent la meilleure solution pour

préserver les droits et l'intérêt des enfants. Elle leur permet de maintenir des liens forts avec les deux parents, de bénéficier de leur soutien, et de grandir dans un environnement stable.

La garde alternée implique que les enfants passent du temps égal avec les deux parents, partageant leur vie entre les deux foyers. Voici pourquoi la garde alternée est essentielle :

- La garde alternée permet aux enfants de maintenir des liens solides avec les deux parents. Ils bénéficient de la présence, du soutien et de l'amour de leur mère et de leur père.
- Conserver une routine et des relations stables avec les deux parents contribue à la stabilité émotionnelle des enfants. Cela peut les aider à mieux gérer le stress et l'incertitude du divorce.
- Les enfants ont le droit d'entretenir une relation avec leurs deux parents, sauf s'il existe des raisons légitimes de les priver de l'un d'entre eux, comme des problèmes de sécurité. La garde alternée protège ce droit fondamental.

La garde alternée est, par contre, assez difficile à gérer, car elle nécessite des décisions conjointes. Mon ex-femme a ainsi régulièrement empêché mes enfants de partir en vacances à l'étranger, les a découragés de faire du sport, de la musique, etc.

Elle encourage une responsabilité partagée dans l'éducation des enfants. Les deux parents sont impliqués dans les décisions importantes concernant leur éducation, leur santé et leur bien-être.

Si ton choix est celui de la garde alternée, tu vas peut-être devoir te battre pour l'obtenir, pour une raison de pure cupidité : les femmes aiment souvent la garde exclusive, car cela leur permet d'obtenir une pension alimentaire maximale.

Pour être sûr d'obtenir une garde alternée

Pour être sûr d'obtenir la garde alternée de tes enfants devant un juge, tu dois imposer cette garde alternée AVANT d'arriver devant le juge aux affaires familiales, car les juges ont tendance à favoriser des arrangements qui ont déjà fait leurs preuves et qui semblent fonctionner, cela pour **maintenir la stabilité de la vie de tes enfants**. Ils ne font qu'entériner un état de fait. S'il y a de facto garde alternée, tu l'obtiendras automatiquement. Ne compte donc pas sur le juge pour t'accorder la garde alternée si tu ne t'es pas battu pour l'obtenir avant.

De plus, les juges préfèrent souvent éviter les litiges prolongés entre les parents. Si les parents parviennent à convenir d'un arrangement de garde alternée par consentement mutuel, cela peut réduire la charge de travail du tribunal et accélérer le processus.

Dans la théorie, tu as toujours la possibilité de présenter ton cas au tribunal même si un arrangement de garde alternée n'a pas été établi au préalable. Tout n'est donc pas perdu si tu n'as pas réussi à imposer une garde alternée. Les juges prendront une décision en fonction des meilleurs intérêts des enfants, qu'il y ait ou non un accord préalable entre les parents. Mais tes chances sont alors réduites.

EN CAS DE SABOTAGE AVÉRÉ

Si les tentatives de sabotage de la relation avec tes enfants prennent de l'ampleur ou ont des répercussions graves sur le bien-être des enfants, n'essaye pas de te débrouiller seul, fait appel à des professionnels :

- **L'avocat** est là pour défendre tes intérêts
- **Le conseiller familial** peut aider toute la famille à communiquer de manière plus efficace, à résoudre les conflits et à soutenir les enfants pendant cette période délicate.
- **Le psychologue pour enfants** est là si tes enfants montrent des signes de détresse émotionnelle, un psychologue pour enfants peut les aider à exprimer leurs émotions et à trouver des moyens de faire face à la situation.

En réagissant de manière responsable, en maintenant une relation positive avec tes enfants malgré les tentatives de sabotage et en cherchant de l'aide professionnelle si nécessaire, tu peux contribuer à minimiser les répercussions sur tes enfants pendant cette période difficile.

REPREND TA VIE EN MAIN DÈS LE LENDEMAIN DU DÉPART DE TA FEMME

VIVRE SEUL APRÈS LE DIVORCE

L'acceptation de la solitude

La solitude peut être l'une des premières émotions que tu ressens après le divorce. Pour te sentir bien, tu vas devoir compenser, voilà quelques pistes dans ce tableau.

Action	Description
Comprends que la solitude est normale	La solitude est une réaction naturelle au divorce. C'est une étape temporaire et normale de ton parcours personnel.
Profite du temps pour te retrouver	Utilise la solitude pour te recentrer sur toi-même. Réfléchis à tes besoins, aspirations et objectifs personnels.
Évite de te précipiter dans une nouvelle relation	Prends le temps de te reconstruire avant de commencer une nouvelle relation. Ne te précipite pas pour combler un vide émotionnel. Cela dit, n'hésite pas à t'entrainer à retrouver
Développe tes intérêts et tes loisirs	Explore de nouveaux intérêts, passe du temps sur ce que tu aimes et découvre de nouvelles passions. Cela favorisera ton épanouissement personnel.
Établis des connexions sociales	Maintiens et développe tes relations sociales avec des amis, la famille, et fais de nouvelles connaissances. La solitude ne doit pas rimer avec isolement.
Apprécie le calme et la sérénité	Profite de la tranquillité et de la liberté qu'offre la vie en solo. Ces moments de calme sont précieux pour ta détente et ton bien-être.

L'acceptation de la solitude est un processus individuel, et il n'y a pas de délai fixe pour la surmonter. Plus tu entreras dans l'action rapidement, plus tu accepteras ta nouvelle solitude. Je te conseille tout particulièrement de te mettre au sport, et en particulier à la musculation (surtout pas de course à pied ou de sport qui demande un effort cardio). En effet, cela aura plusieurs effets positifs sur toi :

- À court terme, te donner confiance en toi.

- À moyen terme, occuper ton temps avec une activité excellente pour la santé que tu vas adorer.
- À long terme, te donner un physique vraiment athlétique qui te donne des chances de rencontrer de nouvelles femmes quand tu en auras envie.

Les Avantages d'une vie célibataire

J'ai été assez perturbé pendant quelques mois de devoir passer d'une vie de famille à une vie de père célibataire à mi-temps, un peu comme si on m'avait volé quelque chose. J'ai mis beaucoup de temps à constater de gros avantages de la vie de célibataire. Je te les liste pour que tu puisses les reconnaître et les apprécier plutôt que broyer du noir :

Aspect	Avantages pour Toi	Description
Moins de Stress	Gestion plus facile de ta vie quotidienne	Tu gères moins de complications et de décisions partagées, ce qui réduit ton stress.
	Moins de conflits à gérer	En vivant seul, tu élimines les tensions et les conflits conjugaux, te permettant de te concentrer sur une vie plus harmonieuse.
	Priorité à ton bien-être	Tu as plus de temps pour te concentrer sur ta santé mentale et physique, et pour te ressourcer.
Plus de Liberté	Autonomie dans tes décisions	Tu as la liberté de prendre des décisions qui te concernent sans avoir à consulter quelqu'un d'autre, te donnant plus de contrôle sur ta vie.
	Gestion financière selon tes priorités	Tu gères tes finances plus simplement et directement, te permettant de planifier et de dépenser selon tes propres priorités.
	Opportunités d'exploration et d'aventures	Tu as l'opportunité de découvrir de nouveaux endroits, de rencontrer de nouvelles personnes et de poursuivre des aventures personnelles.
Plus de Détente	Plus de temps pour toi	La vie en solo te donne plus de temps pour tes loisirs, la relaxation, et la poursuite de tes passions, favorisant la détente.
	Vie quotidienne moins complexe	Avec moins de personnes impliquées dans ta vie quotidienne, tu rencontres moins de complications et de malentendus, rendant tes journées plus sereines.
	Amélioration de ta qualité de vie	En mettant l'accent sur ton bien-être et en simplifiant ta vie, tu contribues à une meilleure qualité de vie globale.

GESTION LOGISTIQUE APRÈS LE DIVORCE

La charge mentale est une escroquerie

Quel enfumage ! On nous a raconté pendant des années à quel point c'est dur d'être une mère ! Que c'est une journée double ! Qu'il y a de la surcharge mentale ! Les néo-féministes ont fait un beau travail d'escroquerie en nous faisant croire qu'il est difficile d'être une femme parce qu'on s'occupe des enfants, qu'on fait la vaisselle et qu'on lave le linge. Tout cela est faux. C'est vraiment très facile de s'occuper de ses enfants ! Le ménage, la vaisselle, le linge, il y a des aspirateurs et des machines à laver pour cela. Ne t'inquiète pas, tu ne seras pas dépassé ! Quoi qu'en dise ton entourage : « Tu vas voir maintenant que tu es seul ! » « Laisse-moi la garde exclusive, tu n'y arriveras jamais tout seul ». Fais taire tous ces idiots malveillants et ne doute pas de toi.

5 points pratiques à ne pas oublier

Voici des conseils sur cinq points à avoir en tête tant que le divorce n'est pas prononcé :

- **Séparation des biens :** tu dois définir clairement les biens qui t'appartiennent personnellement, ceux qui sont partagés, et ceux qui reviennent à ton ex-femme. Il peut s'agir d'une tâche complexe, mais elle est nécessaire pour éviter les conflits futurs. Si nécessaire, fais appel à un avocat ou à un médiateur pour t'aider à négocier cette répartition. Fais cela le plus vite possible après le départ de ta femme !

- **Gestion financière :** revois ton budget et tes finances pour t'assurer de ta stabilité financière après le départ de ta femme. Cela inclut la révision des comptes bancaires, des prêts, des investissements Pour l'instant, tant que le divorce n'est pas prononcé, il n'est pas question de pension alimentaire. Fais-en sorte d'être à 0 en fin de moi, sans pension alimentaire. Cela réduit la probabilité d'avoir une pension alimentaire à payer. Prends le temps de t'informer sur les conséquences fiscales de ta nouvelle situation. Si tu es comme moi, tu vas enrager de devoir perdre du temps sur des tâches hautement improductives qui ne t'apportent rien de positif dans la vie. Mais tu n'as pas le choix. Durant toute la période de divorce, tu vas devoir faire des choses inintéressantes pour défendre tes droits. Et cela vaut la peine de la faire pour ne pas se faire complètement plumer et démoraliser par ta femme.

- **Logistique quotidienne :** réorganise la logistique quotidienne en fonction de ta nouvelle vie en solo. Cela peut impliquer des changements dans la gestion de la maison (achète un aspirateur automatique), des courses (fais-les au Drive, ça prend 10 minutes), de la garde des enfants, et de la routine quotidienne. Sois flexible et prêt à ajuster ton emploi du temps en conséquence.

- **Paperasse administrative :** Assure-toi d'avoir une mutuelle santé à ton nom et une assurance auto à ton nom. En effet, il faut que tout soit à ton nom maintenant (en tout cas si dans le partage des biens, cela te revient). Si nécessaire, mets à jour les bénéficiaires sur tes polices d'assurance pour en supprimer ta femme. Consulte éventuellement un avocat pour te conseiller sur tout problème juridique qui pourrait survenir. Mets à jour les contrats, les prêts, et les obligations financières que tu pourrais avoir envers ta femme. Il est important de s'assurer que ces accords sont équitables et conformes à la loi.

- **Planification de la garde des enfants et jour d'échange :** si tu as des enfants, la gestion de la garde et de la planification des visites est l'élément le plus important. Développe un plan de garde qui tienne compte des besoins de tes enfants, et veille à ce qu'il soit clairement noté dans le divorce ou la séparation. Pour ce qui est du jour d'échange, j'ai testé personnellement les 3 possibilités pour l'échange des enfants : le vendredi soir, le dimanche soir et le lundi soir. Le moins douloureux est le lundi. Mais surtout, **le dimanche soir est une très mauvaise idée**, car dès le dimanche fin de matinée, les enfants n'auront en tête que le départ du soir et le dimanche devient alors une longue attente de leur départ. Le dimanche est à éviter à tout prix !!!!

Les enfants profitent des divorces pour obtenir plus

Il peut arriver que les enfants profitent de la situation lors d'un divorce pour obtenir davantage. Ils sont souvent très malins et savent comment mettre leurs parents en compétition pour les cadeaux et l'attention, surtout au tout début de la séparation durant laquelle ils cherchent leurs marques. C'est comme s'ils avaient compris que les parents se sentent coupables ou veulent les choyer un peu plus à cause de la séparation.

Parfois, les enfants peuvent dire préférer le parent le plus permissif en prétendant que la vie chez ce parent est meilleure, simplement pour pouvoir obtenir plus de l'autre parent. Cela peut créer une sorte de compétition entre les parents pour gagner l'affection des enfants.

Dans certains cas, les enfants peuvent même utiliser des menaces pour obtenir ce qu'ils veulent : ils menacent d'habiter à plein temps chez l'autre parent quand cela se passe mal. Mais ce sont là des cas particuliers.

En conclusion, il est important de communiquer avec tes enfants pendant cette période difficile. La clé est de maintenir un équilibre entre l'affection et la discipline. Tu verras écris partout qu'il faut travailler avec l'autre parent pour assurer la cohérence dans l'éducation de ton enfant. En réalité, peut-être que comme moi tu n'as pas les mêmes opinions que ta femme sur ce que doit être l'éducation. Mon conseil : fais ce que tu juges bon quand tes enfants sont chez toi et ne perd pas du temps dans des discussions inutiles avec ta femme qui de toute façon n'a qu'une envie : te faire la peau. Dans le principe, moins tu interagis avec ta femme, mieux tu te porteras.

L'IMPORTANCE DE SE CONCENTRER SUR SOI-MÊME

Après une séparation, tu vas ressentir le besoin de changer des choses dans ta vie. Il y aura des changements opérationnels, mais tu voudras aussi redonner un peu de sens à ton quotidien. Voici un tableau de ce que tu dois entreprendre pour aller très vite mieux et reprendre ta vie en main.

Catégorie	Conseils Clés
Bien-être personnel	• Exercice physique • Alimentation équilibrée.
Estime de soi	• Travail sur l'estime personnelle • Croyance en ses capacités.
Relations sociales	• Construire des relations positives • S'entourer de personnes encourageantes.
Objectifs de vie	• Fixer des objectifs personnels et professionnels pour la motivation et la direction.
Solitude et réflexion	• Accepter de la solitude (difficile)
Nouvelles expériences	• Exploration de nouvelles relations Sortir de sa zone de confort Essayer de nouvelles activités, en particulier un sport de force.
Réajustement de vie	• Révision des priorités Équilibre entre travail et loisirs • Décider de te débarrasser des biens matériels superflus et de réorganiser ta vie selon tes propres termes
Développement personnel	• S'écouter • Objectifs réalisables, • Apprendre à dire "non" • Gestion du temps.
Gestion des émotions	• Accepter la séparation • Chercher de l'aide professionnelle si nécessaire.
Patience et croissance	• Rester patient avec soi-même durant le processus de reconstruction.

SOLUTIONS POUR LA RECONSTRUCTION PERSONNELLE

Après un divorce, il est fréquent de se sentir perdu ou déstabilisé. On entend partout parler de recettes pour bonnes femmes : thérapie individuelle à la con, méditation, ou encore la pratique de la pleine conscience. Des pratiques parfaites pour les femmes psychologiquement instables. Mais tu es un bonhomme ! Ne t'inquiète pas, tu vas apprendre à gérer la situation. Mais il existe quand même une chose qui peut changer ta vie en pieux : faire du sport, et particulier de la force pure.

L'importance de l'activité physique

L'activité physique joue un rôle essentiel dans le processus de reconstruction personnelle. Voici comment elle peut contribuer à ton bien-être :

- **Réduction du stress :** l'exercice physique libère des endorphines, des hormones du bien-être, qui peuvent réduire le stress et l'anxiété. Cela t'aidera à mieux faire face aux défis du divorce. Lorsque tu pratiques un sport, tu te concentres sur l'activité elle-même, ce qui peut t'aider à détourner ton esprit des soucis et des préoccupations liés au divorce. Cela va également t'aider à canaliser tes émotions négatives. Si tu te mets à ma musculation, tu pourras mettre ton énervement et ta rage dans un effort physique intense et bref, et cela te permettra de te libérer des frustrations du divorce. Enfin, tu gambergeras moins car faire du sport va améliorer ton sommeil.

- **Amélioration de l'estime de soi :** l'activité physique régulière peut t'aider à te sentir mieux dans ta peau, à améliorer ton image corporelle, et à augmenter ton estime de toi.

- **Boost de l'énergie :** si tu n'es pas un sportif, tu ne peux pas le savoir, mais faire du sport te donne une énergie incroyable, y compris pour des activités qui ne sont pas liées au sport.

- **Opportunité de socialisation :** participer à des activités sportives peut te donner l'occasion de rencontrer de nouvelles personnes, de créer des liens sociaux.

- **Et surtout un physique athlétique** : en faisant du sport de force, tu vas te transformer physiquement à une vitesse incroyable. Voici la couverture du livre qui changera ton physique ! Inscris-toi dans une salle et suit la recette, tu deviendras athlétique avant même d'avoir officiellement divorcé :

LES RELATIONS CHARNELLES ET LA VIE AMOUREUSE

Tu as du travail à faire avant de réussir à passer ta main dans le dos d'une inconnue

Officiellement divorcé ou pas, tu es maintenant célibataire de fait. Je sais déjà que tu es un peu perdu : vas-tu réussir à sortir avec d'autres femmes ? Auras-tu des relations charnelles bientôt ?
Reconnais que tu repars à zéro. Tu vas devoir tout réapprendre et c'est angoissant, surtout après une longue période d'inactivité dans le domaine des rencontres.

Avant de commencer à vouloir faire des rencontres, tu vas devoir franchir plusieurs étapes et savoir différentes choses pour ne pas être voué à l'échec total.

- **Améliore ta confiance en toi** : la confiance en soi est la clé de la séduction. Travaille sur ton estime de toi en prenant soin de ton apparence, en pratiquant des activités qui te rendent heureux et en t'entourant de personnes positives. Pour cela, inscris-toi à un club de musculation pour te faire un physique athlétique : le marché de la rencontre n'est aujourd'hui basé **que** sur le physique. Fais-toi une coupe de cheveux convenable et pas ringarde, change de lunettes si elles sont moches, va sur YouTube et apprends à ne pas t'habiller comme un plouc. La musculation est prioritaire parce que cela te prendra quelques mois pour obtenir un résultat (qui sera impressionnant si tu le fais bien). Tu es comme un vieil appartement en location, il faut refaire toute la déco.
- **Développe tes centres d'intérêt** : plus tu es intéressant, plus il est facile de séduire. Va dans des musées, des expos, fais du sport, mets-toi à un instrument de musique. Plus tu as de sujets intéressants dont tu peux parler, plus tu auras de conversations intéressantes, et donc, plus tu auras de chances de séduire. Les femmes aiment les beaux mecs, mais ceux qui ont de la conversation comptent.

- **Améliore ta communication** : fais des recherches sur internet pour savoir comment faire de belles photos pour les applis de rencontre : éclairage, angles de prise de vue (toujours l'appareil au-dessus de ta tête), retouches par des filtres.

- **Développe tes compétences conversationnelles** : sois un bon auditeur tout autant que tu sais parler. Il faut écouter pour savoir de quel sujet parler ! Parle aux femmes des sujets qu'elles évoquent. Focalise-toi sur une chose : raconter des choses intéressantes et drôles. Si tu n'avais pas beaucoup de contacts sociaux pendant le mariage, reprends contact avec tes amis, fais connaissance : il est temps que tu te resocialises dans un contexte qui n'est pas celui de la rencontre. Rencontre aussi de nouvelles personnes. Tu dois réapprendre à avoir de la conversation intéressante et drôle dans un contexte neutre.

- **Parle à des femmes dans la rue** : sors de ta zone de confort et parle à des femmes dans la rue, dans les supermarchés. Trouve une excuse bidon et parle : demande si tel produit dans son caddie est bon car tu t'es demandé si ça valait la peine de l'acheter, et petit à petit essaye de plus en plus difficile jusqu'à ce que tu réussisses à être drôle et intéressant (au moins un peu). Tu vas te planter des tonnes de fois, mais ce n'est pas grave, c'est de l'entraînement. Par contre, ne drague pas à cette étape là, ce n'est qu'un entraînement et tu es trop nul. Du coup, tu peux aussi bien parler à une grand-mère qu'à une femme plus jeune.

Deviens blasé à force d'échecs mais n'abandonne pas

Tu vas avoir beaucoup d'échec, surtout au début, car tu seras nul dans tes relations avec les femmes, et d'autant plus que tu sentiras fortement la pression de réussir. Tu dois te mettre dans un état d'esprit tel que tu te fiches que la rencontre soit un succès ou pas. En effet, et ce n'est pas vrai que pour les rencontres, quand quelqu'un sent la pression de l'autre partie pour obtenir quelque chose, elle freine à mort. C'est pourquoi je te conseille de donner des rendez-vous uniquement pour faire des choses que tu aurais aimé faire seul de toute façon. Comme cela, dans le pire des cas, tu auras passé un bon moment. Par exemple, voici des propositions qui peuvent fonctionner :

- *Ça te dit de se voir à la plage, j'ai envie de me baigner ?* (Ça se passe mal ? Le courant passe mal ? Tu t'en fiche ! Tu te baignes !!)
- *Ça te dit de faire connaissance au musée ? Je veux voir l'expo Machin.* (Au pire, tu seras allé à l'expo à laquelle tu voulais de toute façon aller)
- *Ça te dire de se voir au bord du lac ? j'ai des cannes à pêches…* (et au pire, tu pêches)

Ce qui sort de l'ordinaire marche plutôt bien. Ce qui compte vraiment pour créer une connexion avec une femme, ce n'est pas de lui parler, mais de **faire** quelque chose avec elle, regarder la même chose et commenter des choses en commun. C'est la règle la plus importante que tu dois retenir : fais des choses avec des femmes.

C'est pour cela que je pense qu'il est préférable de refuser d'aller boire un coup quelque part. ça se termine toujours dans un face à face bizarre où tu vas te sentir obligé de payer. Pire encore, le restaurant ! Tu ne peux même pas t'enfuir si tu veux !

Une fois que tu auras subi de très nombreux échecs, tu vas devenir un peu blasé de ces échecs. C'est là que cela va commencer à mieux marcher car tu n'attendras plus rien des rencontres. Très paradoxal non ? Ça te prendra quelques dizaines de rencontres avec des femmes (plus ou moins : ça dépend si tu es très beau ou très moche, chiant ou très intéressant, si tu es athlétique ou ramollo…).

C'est triste, mais les femmes veulent juste être complimentée version extrême

Si tu es éduqué, que tu as du vocabulaire et que tu es capable de faire de belles phrases, sache que cela ne t'aidera pas beaucoup. Je me suis rendu compte que ce qui fonctionne réellement dans les premiers échanges, c'est de flatter la femme. Voici une phrase que je me suis obligé d'écrire même si elle n'a pas vraiment de sens car on ne connaît la personne que par quelques photos :

- *Hello Sandrine ! Je te trouve absolument sublime et j'adore tes dents ! Où es-tu exactement ?*

Ne fais pas plus compliqué : inutile de sortir des phrases débiles de charmeur professionnel tordues. Soit simple et direct.

Personnellement, je complimente toujours sur un détail inhabituel : à toi de trouver le truc original sur lequel tu voudrais complimenter. Moi c'est les dents à la place du sourire, toi ça pourrait être les rétines à la place des yeux, le menton à la place de la beauté, etc.

C'est nul, mais ça marche ! Alors que vouloir faire une approche intelligente, montrer qu'on s'intéresse à elle t'oblige à faire de longues phrases : les femmes s'en fichent. La seule chose qui compte vraiment, ce sont tes photos de profil.

UTILISE DES APPLIS DE RENCONTRE AVEC VIGILANCE

Les applis et leurs inconvénients sur l'estime de soi

Tinder, reconnue comme une application révolutionnaire dans le monde des rencontres, a profondément changé la manière de draguer. Cela paraît une excellente solution, mais une étude américaine, menée auprès de 1 300 personnes, majoritairement des étudiants universitaires, a révélé des résultats préoccupants : une baisse générale de la confiance en soi chez les utilisateurs de Tinder, avec un impact spécialement marqué chez les hommes.

Destruction de l'estime de soi

Les participants de l'étude, interrogés sur leur degré de satisfaction concernant leur apparence et leur perception de soi, ont fourni des réponses qui indiquent une tendance à une plus faible estime de soi chez les hommes utilisant Tinder. Les hommes ont rapporté se sentir moins satisfaits de leur apparence physique par rapport aux non-utilisateurs. Ce phénomène peut être illustré par un exemple concret : un homme, après avoir passé du temps à swiper sur Tinder sans obtenir de "matchs", va forcément douter de son attrait physique et ses qualités.

Asymétrie homme-femme

Encore plus préoccupant, l'étude suggère que le nombre plus élevé d'hommes sur Tinder peut expliquer une part importante du rejet que perçoivent les hommes de la part des femmes. Il faut que tu le sache : les femmes ne font **aucun effort** sur les applis de rencontre, elles sont tellement sollicitées qu'il y aura toujours un homme pour se contenter de leur réponse de 3 mots à ton texte de 5 lignes. Elles sont capables de répondre « -*Bonjour* « à la réplique « -*tu es plutôt musique ou sport ?* » ! Dans ton fort intérieur, tu te diras : elle est con ou quoi ? Ce

n'est pas dur comme question : c'est sport ou musique ! et elle répond
« *bonjour* » ???

Avec une proportion plus élevée d'hommes, les hommes se retrouvent
souvent dans une situation où ils sont plus jugés et moins choisis. Par
exemple, un homme sur Tinder peut swiper des centaines de profils
féminins, mais n'obtenir qu'une poignée de matchs, voire aucun. Cela
n'arrive jamais à une femme : même la plus moche des mochetés va
avoir 90% de réussite dans les matchs. Un homme peut se retrouver
avec 1 match par mois, alors que n'importe quel boudin va avoir au
moins quelques matchs par jour. Cette expérience peut être
décourageante et peut mener à se sentir constamment évalué et rejeté.
Certes, Tinder a ouvert de nouvelles voies pour les rencontres
amoureuses et charnelles, mais l'effet secondaire sur les hommes est
dévastateur sur l'estime de soi.

Les raisons qui t'empêchent de réussir sur les applis comme Tinder
Les applis de rencontrent ont l'air bien pratiques mais il y a de
nombreux inconvénients spécifiques de Tinder pour les hommes. Voilà
les raisons pour lesquelles les applis peuvent ne donner aucun résultat :

Perception en tant qu'objets sexuels : les hommes sur Tinder ont la
sensation de n'être que des objets sexuels à cause de la nature
superficielle de l'application, où les décisions de "swiper" sont basées
essentiellement sur l'apparence physique. Un homme peut se sentir
réduit à son apparence physique, sans considération pour d'autres
aspects de sa personnalité.

Gestion des rejets et ghosting systématique : sur les applis, les
hommes font face à un taux de rejet très démoralisant. Par exemple, un
homme pourrait envoyer des dizaines de messages sans recevoir de
réponse, ou voir un "match" prometteur disparaître soudainement. Cette
disparition soudaine est appelée « Ghosting » : c'est extrêmement
courant !!! Si tu n'as jamais vécu cela, ton moral va dérouiller. La

situation est simple : tu match, tu as un échange hyper sympa, tu sens une super connexion, et d'un coup, sois tu n'as plus aucune réponse, sois tu as carrément été rayé de la liste des connexions. C'est d'une violence psychologique absolue quand tu ne t'y attends pas. En quand tu as compris que c'est un principe de fonctionnement chez les femmes : t'ignorer comme une merde sans aucun commentaire ou explication (heureusement pas toutes), tu continues à l'avoir un peu de travers mais cela ne te touche plus. Ces expériences répétées de rejet vont t'anéantir si tu n'as pas fait un gros travail de reprise de confiance, de relooking et de sport intensif avant d'aller sur les applis.

Impact sur la communication et les attentes : au bout de quelques mois d'échec, la façon dont Tinder fonctionne va te pousser à arranger tes photos, enjoliver la réalité, et faire du marketing personnel. N'ait aucun remords à le faire : vu comment se comportent les femmes sur les applis, il n'y a plus de règles !

Le minimum pour ne pas être sûr d'échouer sur les Applis de rencontre

Voici la liste du minimum de survie si tu ne veux pas complètement déprimer sur les applis de rencontre.

Crée un profil attrayant : ton succès sur les applis commence par la création d'un profil qui te représente authentiquement. Choisis, par exemple, des photos qui montrent non seulement ton apparence, mais aussi tes passions et hobbies. Une photo de toi en train de faire de la randonnée ou de jouer de la guitare peut attirer l'attention sur tes intérêts. Mais n'oublie pas que tu es dans un supermarché, tu dois te vendre. Les photos à éviter :
- avec lunettes noire
- avec ta voiture

- avec tes enfants
- avec un bout de la femme qui t'a quitté car tu as coupé la photo comme un cochon
- où tu es si loin qu'on ne voit pas ton visage
- tu ne souris pas (un beau sourire, ça vaut plus que le physique)
- les photos beaucoup trop retouchées
- les photos avec des filtres tiktok débiles pour avoir soit disant l'air drôle mais qui te rendent pathétique
- des photos floues
- des photos mal éclairées
- des photos avec ta famille
- ton chien, chat, poisson rouge

Communique de façon originale et directe : lorsque tu matches avec quelqu'un, au lieu de lancer une accroche générique, fais référence à quelque chose de spécifique dans son profil qui a attiré ton attention. Cette approche montre que tu es attentif et intéressé par plus que juste l'apparence physique. Ne rédige pas des messages longs. Si ton but est de faire des rencontres charnelles, dis-le, mais de façon élégante. Fais ce qu'on appelle de la sexualisation de discours.

Sexualise le discours très tôt : sexualiser un discours signifie introduire des éléments ou des allusions à caractère sexuel dans la conversation pour exprimer un intérêt romantique ou sexuel envers l'autre personne. Il faut le faire assez vite pour ne pas tomber dans des échanges de messages sans fin. Cependant, il est essentiel de faire cela de façon subtile. Voici un exemple de réplique explicite mais subtile :
- *« Je te trouve vraiment belle, j'adorerais te passer la main dans le dos ».*

Complimente régulièrement les femmes avec qui tu discutes : l'ego des femmes est surdimensionné, et leur besoin d'attention est extrême. Un compliment, c'est comme un rail de cocaïne pour leur ego. C'est un peu ridicule, car tu ne la connais même pas vraiment, mais il faudra que tu le fasses, car les femmes apprécient les compliments, indépendamment de leur sincérité et de leur crédibilité. Tu pourras dire à une femme obèse « - *J'adore ton ventre, j'adorerais y frotter mon torse »* , c'est une façon de sexualiser la conversation que les femmes apprécient.

Si tu ne sais pas sur quoi les complimenter car tu as déjà fait un ou des compliments dès le début et que tu es en manque d'inspiration, tu peux tout simplement répéter le même compliment régulièrement. Par exemple, si tu l'as complimentée sur les cheveux à la première réplique, tu vas pouvoir répéter plus tard :
- *« Je t'ai déjà dit que j'adore tes cheveux ? Je suis sûr qu'ils sentent bon. »*
- *« Mais qu'est-ce que j'adore tes cheveux, tu m'envoies une photo de tes cheveux »*

Avoir des photos en plus de celles du profil est intéressant : cela permet de créer de l'engagement. Tu demandes d'abord une photo des cheveux car c'est anodin, et en fonction de ce qu'elle t'envoie, tu demandes plus. C'est généralement dans les échanges de photos que se fait le début de sexualisation du discours au niveau du texte.

Accepte des rencontres même avec des femmes très moches ou des profils qui ne te plaisent pas : tu ne cherches pas la femme idéale, tu t'entraines ! Et sache que ce n'est pas parce qu'une femme est moche, qu'elle n'est pas difficile, elle peut même avoir des exigences incroyables à cause de l'hypergamie féminine.

Fais preuve de patience : ne te décourage pas après quelques expériences négatives. Comme tu le sais, les applis impliquent un degré de rejet très important (sauf pour les 15% des hommes les plus beaux), alors ne le prends pas personnellement. Les applis n'ont pour rôle que le tout premier contact, l'équivalent d'une bousculade dans la rue, où la femme que tu as bousculée te regarde, et tu essayes de lui dire un truc qui retienne son attention.

Développe une approche équilibrée : tu réussiras mieux sur Tinder si tu maintiens une attitude équilibrée. Cela signifie ne pas passer trop de temps sur l'application et ne pas laisser les interactions sur les applis dominer ta vie sociale. Fixe-toi des limites sur le temps que tu passes à swiper et à chatter.

Fais preuve d'originalité dans les conversations : essaie d'être créatif et original dans tes messages. Au lieu des salutations habituelles, pose une question inhabituelle ou intéressante qui lance une conversation dynamique et engageante. Un peu d'humour et d'esprit peuvent aider, si tu en es doté.

Je ne te cache pas que normalement, ce sera difficile dans tous les cas. Ne te laisse pas décourager par tes échecs, surtout la première année, où tu as encore ton physique obèse (ou maigre), que tu es stressé, que tu as plein d'espoir alors que tu es en même temps complètement nul en drague face à des femmes influencées par leur hypergamie et sollicitées par des gars aguerris à la drague sur les applis.
Et quand cela ne marche pas, ne reste pas statique : change quelque chose : inutile de continuer à faire ce qui ne marche pas. Change les photos, le descriptif, la phrase d'accroche après match, etc. Persiste, cela vaut la peine, car les applis de rencontre, ça marche.

La technique du Chaud/Froid

La technique du "chaud-froid" dans la drague consiste à alterner entre des signes d'intérêt (chaud) et de désintérêt (froid) envers la personne que vous essayez de séduire. L'idée derrière cette approche est de maintenir un équilibre délicat entre montrer votre intérêt pour la personne tout en lui donnant l'impression que vous avez votre propre vie et que vous n'êtes pas totalement disponible. Cela peut susciter de l'excitation et du mystère chez la personne ciblée, ce qui peut être attirant. C'est d'ailleurs une technique utilisée (involontairement ?) par les femmes pour susciter du désir pour elle. Par exemple, t'ignorer après un de tes messages pendant deux jours avant de t'envoyer un message super sympa. Comment faire du chaud-froid ?

Commence par montrer de l'intérêt (chaud) :
- Lorsque tu entames une conversation avec quelqu'un qui t'intéresse, montre-lui un intérêt sincère pour ce qu'elle dit. Pose des questions ouvertes sur ses centres d'intérêt, sa vie, ses expériences, etc.
- Utilise des compliments pour la flatter. Par exemple : "J'adore ta passion pour la photo. Tu as l'air d'être vraiment douée."

Passe ensuite en mode désintérêt (froid) :
- Ne réponds pas immédiatement à chaque message ou ne sois pas trop disponible.
- Laisse parfois passer un peu de temps avant de répondre. Ne t'investis pas émotionnellement dès le départ. Cela montre que tu as une vie active en dehors de la conversation avec cette personne et que tu n'es pas un crevard en manque (même si ça devait être vrai). Sois subtilement désintéressé par certains sujets ou questions. Par exemple, si elle demande : "Tu penses quoi de notre conversation jusqu'à présent ?" Tu pourrais répondre avec humour : "Eh bien, c'est supportable 😂😉."

Petite parenthèse, l'émoji 😙 est assez pratique car il est flou : on ne sait pas s'il y a sexualisation ou pas. A utiliser avant de sexualiser, du genre en fin de journée pour dire au revoir, sous le prétexte non-dit de dire à plus tard sans avoir à écrire.

Reviens au chaud
- Après avoir donné un peu de temps et d'espace, reviens à montrer de l'intérêt. Cela peut se faire en posant une question sur ses activités récentes ou en manifestant de l'enthousiasme pour un de ses centres d'intérêt.
- Tu peux aussi envoyer des photos d'un quelque chose intéressant
- Fais des commentaires positifs sur des aspects de sa personnalité ou de sa vie qui te plaisent réellement. Par exemple, « *désolé, j'avais un emploi du temps ultra-chargé ces 3 derniers jours. Heureusement que j'ai revu tes photos de profil, j'avais oublié que j'adorais autant tes cheveux ! Tu fais quoi ce week-end ?* »

Alterne régulièrement chaud et froid
Continue à alterner entre ces deux états au fil de la conversation. L'objectif est de maintenir un certain niveau de tension et d'excitation. Veille à ce que le désintérêt ne devienne pas du rejet ou de l'indifférence totale.

En utilisant la technique du chaud-froid, tu peux maintenir l'attention de la personne que tu séduis tout en lui laissant l'impression que tu es un défi à conquérir. Si tu sembles trop facile à atteindre, c'est que tu es inintéressant pour elles, les femmes veulent de la difficulté. Ne sois donc jamais soumis, ou obéissant. Impose-toi.
- *Tu m'invite au restaurant ?*
- *Jamais de la vie !*

- *Comment ça ?*
- *Je suis blasé des restaurants. On se rencontrera dans un parc, c'est mieux, j'adore les espaces verts, et j'ai un canapé gonflable qui garde les fesses au chaud !*

Ce qui marche bien dans le chaud-froid, c'est quand le chaud et le froid se situent dans la même phrase, du coup, ton interlocutrice n'arrive pas à savoir vraiment si tu es intéressé par elle ou pas vraiment, ce qui représente un défi pour elle. Son ego veut te conquérir, ce qui n'est pas le cas si tu sembles facilement accessible. Exemples :
- *J'ai vraiment apprécié notre conversation, mais je dois admettre que parfois, tu peux être un peu difficile à suivre, on ne sait pas trop comment ça fonctionne là-haut ! Mais c'est ça qui te rend intéressante.*

- *J'ai remarqué que tu peux être très sérieuse par moments, mais je suis curieux de savoir si tu as un côté plus drôle et joueur !*

- *C'est génial que tu sois si passionné par ton travail, mais je me demande si tu mets la même énergie dans le combat au corps à corps* (exemple de sexualisation).

- *Je dois avouer que ton sens de l'humour est parfois un peu énigmatique, mais bizarrement tu me fais beaucoup rire.*

Ces exemples combinent l'intérêt ou un compliment avec une certaine réserve ou une interrogation. Cela crée une tension intéressante pour la conversation.

Ne surinvesti jamais, cela fait fuir les femmes

Le surinvestissement dans la conversation se produit lorsque tu investis trop d'effort, d'émotion ou de temps dans une conversation, surtout en début de relation ou de connaissance, avant même d'avoir rencontré la personne. Cela peut se manifester par des messages trop longs, trop fréquents ou trop intenses émotionnellement.

Or, le surinvestissement fait fuir les femmes. Le surinvestissement peut être perçu comme de la nécessité ou du désespoir. Par exemple, si tu envoies constamment des messages du type "Pourquoi tu ne réponds pas ?", cela peut donner l'impression que tu es trop désespéré ou dépendant. Les femmes peuvent se sentir étouffées ou sous pression, ce qui les pousse souvent à prendre leurs distances.

Que faut-il faire ? J'avoue que j'ai fait **toutes** les erreurs que je vais te présenter, et j'ai eu du mal à encaisser et perdu beaucoup de temps ! Je ne savais pas que le surinvestissement existait, et surtout, je pensais que s'investir dans un échange serait au contraire valorisé ! Et bien non, c'est le contraire… les femmes sont bizarres.

Équilibre les conversations : garde tes messages concis et dans le ton de la conversation. Si elle envoie des messages courts, fais de même.
Exemple :
Elle : "*J'ai passé un bon weekend.*"
Toi : "*Super ! Moi aussi, j'ai profité du beau temps.*"

Évite de bombarder de messages : si elle ne répond pas immédiatement, ne lui envoie pas une série de messages. Attends...
Exemple :
(Après un message sans réponse) Toi : "*J'espère que tu passes une bonne journée. Parle-moi quand tu seras libre si tu as envie.*"

Montre de l'intérêt sans être envahissant : pose des questions ouvertes qui montrent ton intérêt, mais sans paraître insistant.
Exemple :

- "*Quels sont tes plans pour la fin de semaine ? J'aime bien découvrir de nouvelles activités.*", ou mieux : « *Quels sont tes plans pour la fin de semaine ?* »

Partage sans surcharger : partage des détails sur toi et ta vie, mais n'en fais pas trop. C'est pour cela que les envois de photos sont pratiques : rien à écrire, mais des photos qui souvent parlent, tout en étant naturellement un peu mystérieuse. Cela laisse la porte ouverte à des questions qu'elle peut te poser si l'image fait réagir. Exemple :
Toi : « *J'ai récemment commencé le yoga, ça m'aide à me détendre. Tu as des hobbies pour te relaxer ?* »
Je plaisante ! Trop nul le coup du Yoga ! Clairement pas assez viril !
Toi : « *j'ai décidé de me faire une musculature de dieu grec cette année ? Tu fais du sport ?* »

Reste de bonne humeur et léger, surtout dans les premières phases de la conversation. Exemple :
Toi : « *J'ai vu un film génial récemment, je pense que ça pourrait te plaire. Tu aimes le cinéma ?* »
En réalité, ce n'est pas assez précis ! Dis plutôt :
« *J'ai vu le film Iron Sky, j'ai adoré, tu aimes quel genre de films d'habitude ?* »

En résumé, montre de l'intérêt et de l'engagement dans la conversation, mais sans paraître trop investi ou désespéré. Combine avec la technique du chaud-froid
Mon conseil personnel spécial appli pour ne pas en faire une obsession
Télécharge plusieurs applis en parallèle et utilise-les intensément pendant deux semaines. Ensuite, désinstalle-les sans supprimer ton profil. Tu retrouveras tout à ton retour après 2-3 semaines de repos. Ne t'inquiète pas si tu ne réponds pas à un message. Cela indique simplement que tu as d'autres choses à faire et que tu es lassé des rencontres.

Après deux à trois mois, j'ai choisi d'arrêter car l'utilisation des applis n'améliorait pas ma vie. Par politesse, j'ai envoyé un message à tous mes matchs pour leur dire que je désinstallais les applis. Le nombre de réponses que j'ai reçues à ce moment-là, y compris de personnes qui m'avaient ignoré auparavant, était incroyable. Fais attention à ne pas te laisser submerger par le temps que cela demande. Essaye de passer plus de temps sans les applis qu'avec.

La technique du "fuis-moi je te suis, suis-moi je te fuis", gérer l'intérêt

Dans le monde des rencontres, la tactique du "fuis-moi je te suis, suis-moi je te fuis" est une stratégie bien connue. Elle consiste à maintenir un intérêt modéré sans paraître désespéré. Si tu montres trop d'empressement, cela peut repousser l'autre. En revanche, adopter une attitude légèrement détachée peut piquer sa curiosité.

Voici la stratégie à suivre : manifeste de l'intérêt mais évite d'être trop insistant. Par exemple, si tu envoies un message, n'insiste pas avec plusieurs autres si tu n'obtiens pas de réponse immédiate. Montre que tu as d'autres activités, comme répondre tardivement à cause d'une sortie entre amis. Cette attitude démontre que tu as une vie riche et indépendante.

Il est important aussi de ne pas concentrer toute ton attention sur une seule personne. Parle avec plusieurs femmes en parallèle si c'est possible, car la majorité de ces femmes va disparaître à un moment ou un autre comme par magie (cela voudra dire qu'elle a finalisé avec un autre homme avec lequel elle parlait en parallèle de toi et qui avait plus la côte à ses yeux. Continue de voir tes amis et de pratiquer tes loisirs. Cela prouve que tu n'es pas constamment en quête de compagnie.

Proposer des sorties ou des activités est un bon moyen de montrer de l'intérêt, mais il est important de ne pas insister si elle n'est pas disponible. Tu pourrais dire : "J'ai pensé que ça pourrait être sympa d'aller randonner ce samedi. Ça te dirait ? Si tu es occupée, une autre fois peut-être."

L'objectif est de maintenir un équilibre. Montre que tu es intéressé mais que tu ne dépends pas entièrement de sa présence. Si elle prend ses distances, ne la harcèle pas. Arrête de faire signe de vie pendant quelques jours même si elle te recontacte, puis essaie de relancer. Donner de l'espace peut parfois renverser la situation. Et si cela ne fonctionne pas, continue ta vie. Comme on dit, il y a beaucoup d'autres opportunités dans le monde.

La séquences et le rythme : ne t'éternise pas

Le but sur les applis n'est pas d'échanger en réalité, c'est d'échanger le minimum possible avec pour objectif de passer sur WhatsApp ou par SMS. En effet, tu n'auras pas de rendez-vous en deux répliques !

« -j'avoue que j'essaye de ne pas trop venir sur l'appli, ça te dit de continuer par SMS ou WhatsApp ? mon numéro est le 06 66 66 66.

Ensuite, une fois sur WhatsApp, ou SMS, continue une conversation si ça se passe bien, sinon envoi maintenant une ou deux photos de toi qui te mettent en valeur et que tu n'as pas mis sur ton profil. Et essaie alors d'obtenir une photo ou deux :

« - une photo de moi à l'instant ! à toi maintenant 😁 »

« - Je ne serai pas contre une photo de toi de profil » si par exemple les photos du profil de ton interlocutrice ne sont que de face. Ou beaucoup mieux : jouer le chaud-froid

« - Je ne serai pas contre une photo de toi de profil, tu es sublime mais autant tu as un nez titanesque !»

L'échange de photos avec notre image vise à rassurer l'autre sur notre apparence physique, un aspect crucial. Plus important encore, cela crée un engagement dans l'interaction, facilitant ainsi une rencontre réelle. Envoyer une photo de soi est en effet plus engageant que de rédiger du texte. Je ne vais pas rentrer dans la théorie de l'engagement, mais plus tu reçois de photos, plus les chances de rencontre sont fortes.

Maintenant, inutile de s'éterniser demande carrément à rencontrer :
« *-J'avoue que je ne suis pas un grand fan des échanges virtuels sans fin, je préfère rencontrer en vrai. Tu serais dispo à … pour faire ….*»

Soit le rendez-vous est fixé à court terme et tu n'as plus vraiment besoin d'échanger avec cette personne.

Soit le rendez-vous est fixé à long terme, c'est-à-dire une semaine ou dix jours plus tard, et tu vas devoir entretenir la relation pour ne pas disparaître dans la nature. Dans ce cas, le rythme d'échange n'a pas besoin d'être élevé et les envois de photo reportage est une bonne astuce. Comme il est difficile de faire la conversation et que cela prend quand même tu temps, tu peux remplacer en partie les discussions par l'envoi de photos de choses intéressantes que tu vois ou que tu fais est une super astuce. Cela montre que tu es actif, intéressé par le monde qui t'entoure, et que tu sais profiter de la vie. Voici quelques exemples de types photos que tu pourrais envoyer (dès lors que c'est dans ton actualité :

1. **Photos de voyages** : si tu voyages, même juste pour une escapade d'un weekend, envoie-lui plusieurs photos de ce que tu as vu d'intéressant. Ne dits pas où cela se trouve, elle te posera la question. Tu peux envoyer jusqu'à 10 photos si les photos sont magnifiques.

2. **Photos de tes hobbies** : si tu as un hobby comme la cuisine, la randonnée ou l'escalade, partage une photo (ou deux maximum) de ce que tu fais. Par exemple, une photo d'un plat que tu as cuisiné ou d'un sentier de randonnée magnifique sur lequel tu es passé.

3. **Photos d'événements culturels** : si tu assistes à un concert, une exposition d'art, ou un événement culturel local, une photo de l'événement fonctionne très bien pour entretenir une conversation, bien mieux que du texte. Par exemple, une photo d'une œuvre d'art intéressante ou de la scène d'un concert. Pour

une exposition d'art, ne dépasse pas cinq photos, sinon cela fait trop, on dirait sinon que tu envoies les photos de toute l'expo.

4. **Photos de ton quotidien** : même des photos de ton quotidien peuvent être intéressantes si elles montrent quelque chose d'unique ou de pittoresque. Par exemple, une photo d'un jardin particulièrement beau dans ton quartier. Pour ce qui est du sport dans ton quotidien, ne te prend pas en selfie à la salle de musculation, c'est très peu apprécié par les femmes car tu sembles te venter, prends un des appareils de musculation, pour juste symboliser la musculation. En partageant ces photos, tu invites la personne à voir un peu de ton environnement, et cela peut créer une thématique de discussion.

5. **Selfies occasionnel spontanés** : un selfie occasionnel sorti de nulle part peut aussi fonctionner (mais c'est deux fois par semaine maximum.

Les répliques à éliminer à tout jamais des chats

Quand tu envoies un message, il faut toujours un alibi, une raison pour laquelle tu écris un message. Force-toi à ne jamais envoyer ces types de messages car ils vont rapidement transformer l'échange en quelque chose d'ennuyeux.

Les signes de présences
- *Coucou !*
- *Bonjour, j'espère que tu as bien dormi !*
- *Bonne nuit !*

Les complaintes : ne te plains jamais de rien dans les messages. Tu peux bien avoir un lumbago, tu mentiras et diras que tu es en pleine forme. Les femmes détestent les gens qui se plaignent, même pour se plaindre seulement d'un ongle incarné. Ne te plains jamais ! Jamais !

Les messages sans question de relance : les femmes sont horriblement faignantes dans les messages. S'il est attendu que tu fasses des efforts, dans la plupart des cas, les femmes ne feront aucun effort de relance, et aucun effort pour une réponse vraiment construite (d'où l'intérêt des envois de photo). Ne dis pas
- *J'ai vu l'expo Machin*
Mais dis plutôt
- *J'ai vu l'expo Machin, et toi ? Tu l'as vue ?*
Si tu ne poses pas de question, tu peux ne pas avoir de réponse. Si tu n'as toujours pas de réponse, ce n'est pas bon signe.

Ne pas sexualiser : ton but est de passer au corps à corps ! A la moindre évocation de sexualisation par la femme, répond en sexualisant encore plus.
Elle : *tu as en joli dos*
Toi : *Merci ! Toi aussi ! Et j'adorerais y passer la main*
Elle : *Ah bon ?*
Toi : *oui, je te caresserai les épaules puis le dos puis les reins. ;-)*

Si ce dialogue te paraît complètement improbable, cela illustre bien à quel point tu n'y connais rien pour l'instant. C'est très standard quand on veut sexualiser un échange de messages.

Dernière étape, la rencontre. Sur ce point, je ne vais rien dire car ce n'est pas vraiment l'objet du livre. Je voulais toutefois te donner quelques clés pour ne pas trop déprimer dans le cas où tu recherches à rencontrer des femmes.

CONCLUSION

Les hommes sont bien seuls face au divorce ou une séparation, et j'espère que ce livre t'a aidé, et t'aura donné des clés pour comprendre des choses pas toujours évidentes à comprendre ou à concevoir quand on vient de se faire quitter, car le féminisme et le politiquement correct cachent des informations et de vérités essentielles pour nous les hommes.

9 791091 224666